PC방 창업,
신의
한수 ㈜

망하고 싶은 사람은 보면 안되는 **책**

PC방 창업으로

PC방 창업,
신의
한수

박광영 지음

생각나눔

직장이 더 이상 안전지대가 아니라는 사고가 팽배해지면서 창업에 관한 관심이 급증했다. 특히 IMF부터 시작된 창업 열풍은 2000년대에 들어서면서 더욱 거세어지고 있다. 이런 분위기 속에서 창업 관련 서적 역시 서점가에 쏟아져 나오고 있다. 그런데 무수한 창업 서적을 볼 때마다 문득 이런 생각이 든다.

' **왜** PC방을 실제로 창업할 수 있게 해주는
제대로 된 길라잡이 책이 없을까? '

20년 넘게 안정적인 창업 아이템으로 자리 잡아온 것이 PC방 업종이다. 또한, 운영의 편리성과 인건비 절감에도 PC방 창업은 매우 효율적이다. 그러나 정작 PC방 창업 관련 서적은 찾기 힘들다. 물론 인터넷을 뒤지다 보면 PC방 관련 정보가 즐비하게 나오지만, 객관적인 입장에서 예비 창업자들에게 도움이 될 만한 정보는 극히 드물다.

모바일 시대가 찾아온 이 시점에도 PC방 사업은 새로운 활로를 개척하며 승승장구한다. 자연히 PC방 창업을 고민하는 예비 창업자들은 지속해서 늘어날 것이다. 전국 2만5천 곳에 달하던 PC방은 현재 9천 개로 줄어들었고, 시간당 금액도 대부분 1천 원 이상으로 형성되어있다. 그만큼 PC방 창업에 관한 관심과 노하우에 대한 갈망 역시 식지 않을 것이다. 그만큼 PC방 예비 창업자들을 위한 올바른 안내서 발간은 그 무엇보다 시급한 과제가 아닐 수 없다.

근래 들어 PC방 프랜차이즈가 늘어나고 있다. 예비 창업자들은 개인으로 창업할 것인지, 프랜차이즈로 창업할 것인지를 고민하고 있다. 각각 장단점이 있는 만큼 심각하게 갈등할 수밖에 없다. 문제는 그런 답답한 마음을 안고 인터넷 정보를 뒤져봐도 결국 주관적인 내용만 얻게 된다는 점이다. PC방 프랜차이즈들은 프랜차이즈로 창업하는 것이 좋다고 말하고, 개인 창업자, PC방 관련 카페(네이버 외), 프랜차이즈로 득을 보지 못한 사람들은 절대 프랜차이즈를 믿지 말라고 말한다. 정보에 객관성이 없으니 예비 창업자들은 애만 태울 뿐이다.

이런 시점에서 나는 선배로서, PC방 예비 창업자들의 고민에 주목하게 되었다. 그리고 객관적인 정보와 현실적인 조언들을 집대성할 필요를 느끼게 되었다. 지금까지 나는 PC방 창업의 최전선에서 현장과 가장 가까운 경력을 쌓아왔다. PC방 창업 대출 회사와 PC방 점포 전문 회사에서 PC방 창업자들을 지원하는 일들을 해왔고, PC방 개인 점주로서 실질적인 운영을 병행해봤다. 또한, PC방 프랜차이즈 본사 팀장에서 임원을 거쳐 결국 PC방 프랜차이즈 본사 대표까지 되었다.

그만큼 오랜 기간 업계의 동향을 살펴보며, PC방 창업에 대한 실질적인 노하우를 자연스럽게 습득해왔다. 따라서 이 책이 PC방 예비 창업자들의 답답함과 막막함을 조금이나마 해소해줄 거라고 생각한다. 그 힘든 길을 걸어왔기에 같은 길을 걸으려는 예비 창업자들이 같은 실수를 반복하지 않았으면 하는 바람이다.

사명감을 담은 이 책은 먼저 PC방의 동향과 전망을 소개할 것이다. 읽고 나면 PC방 창업의 미래에 대해 우려하는 부분을 어느 정도 해소하게 될 거라고 믿는다. 그만큼 걱정과 부담을 줄여주되, 창업을 만만하게 보면 안 된다는 사실 또한 분명하게 짚어줄 것이다. PC방 업종에 대한 전망이 밝지만, 그렇다고 함부로 뛰어들거나 대충해서는 성공할 수 없다는 사실을 구체적으로 알려주면서, 책임감과 경각심을 일깨워주는 것이 목적이다.

이어서 과거와 급격하게 달라진 PC방 문화를 중심으로, 어떠한 차별화 방안이 필요하며 보다 세심하게 신경 써야 할 부분이 무엇인지를 전반적으로 다룰 것이다.

다음으로는 예비 창업자들이 가장 먼저 고민하게 되는 '개인 창업 vs 프랜차이즈 창업'의 장단점을 비교할 것이다. 최대한 객관적인 데이터를 제시하면서, 정답 없는 사업에서 선택과 결정을 예비 창업자가 스스로 할 수 있도록 배려할 것이다.

이후부터는 개인 창업을 결정한 예비 창업자들을 위한 조언, 그리고 프랜차이즈 창업을 결정한 예비 창업자들을 위한 조언을 각각 제시할 것이다. 구체적으로 프랜차이즈 예비 창업자를 위해서는 어떤 프랜차이즈 회사와 손을 잡아야 하는지, 반대로 어떤 회사를 피해야 하는지를 명료하게 정리할 것이다. 한편, 개인 창업자의 경우에는 스스로 해야 할 일들이 많다. 법률, 창업 절차, 비용 등에 대한 정보를 알아야만 한다. 그런 부분을 한 번에 파악할 수 있도록 정리하여 도움을 줄 것이다.

마지막으로, 객관적인 판단을 거쳐 샘플로 제시할 수 있는 프랜차이즈 본사를 선택하여 구체적으로 '어떤 부분이 PC방 차별화를 이끌어나갈 수 있는지'를 제시할 것이다. 손님과 가맹점을 우선하는 경영 철학과 실제적 노력에 기반을 두어 각 영역에 도움이 될 부분을 소개하게 될 것이다.

20년 전, 선풍적인 인기를 끌었던 스타크래프트 세대가 이제는 우리 사회의 경제 주체가 되었다. 30대 후반부터 50대에 이르는 화이트칼라 출신의 명퇴자들 또한 증가하고 있다. 이들은 술장사, 식당업과 같이 손이 많이 필요한 업종을 꺼리는데, 이러한 관점에서 PC방만큼 편리한 업종이 없다. 필자는 PC방 예비 창업자들이 가지고 있는 막막함과 막연함 그리고 불안감과 부담에 대해 그 누구보다 크게 공감하고 있다. 업계에서 오랫동안 많은 사람과 접촉해온 만큼, 현실적인 문제와 노하우를 파악하고 있고, 이론을 넘어 심리적인 고충까지도 깊이 이해하고 있다. 그만큼 당사자들에게 최대한 도움을 주려는 마음으로 지난 2년 동안 이 책을 정리하였다. 오랜 기간을 녹여낸 정보가 담긴 만큼, 더 많은 PC방 예비 창업자들의 마음을 시원하게 해주길 기대한다

2019년 7월
마른장마 속
시원한 빗줄기를 기다리며
저자 **박 광 영**

Contents

PC방,
요즘 근황이
어떠신가요?

PC방 창업에 대해
걱정하는 사람

창업을 꿈꾸는 사람들이라면 누구나 한 번쯤 떠올렸을 업종이 바로 PC방이다. 실제로 인터넷을 검색해 보면 PC방 창업을 희망하는 사람들의 질문들이 다양하게 올라와 있다. 그런데 그들의 질문이나 이야기를 가만히 읽고 있으면, 나도 모르게 한숨 소리가 들려오는 것만 같다.

그들의 걱정거리는 한 가지 공통분모로 연결된다. "PC방의 인기가 지속될까?" 창업 준비자들은 호황을 누리던 PC방이 이제 곧 하향 산업으로 전락하는 것이 아닌지 조심스럽게 묻고 있다. '급변하는 시대'를 살아가는 만큼, 이렇게 걱정하는 것이 당연하다.

어떤 창업 준비자들은 이미 PC방이 하향 산업으로 편입된 게 아니냐고 묻기도 한다. 실제로 그런 걱정 어린 질문들에 대해 "그렇다. 이미 하향세에 접어들었다.", "희망 없는 산업이니 다른 것을 알아봐라." 같은 답변을 내놓는 '자칭 전문가'들도 꽤 있다.

정말로 PC방 창업에서 장밋빛 미래는 기대할 수 없을까? 이 책에서는 막연한 대답이 아니라, 조금 더 객관적으로 이 질문에 답해드리려고 한다. 그래서 이 책은 PC방 창업자들이 가장 걱정하는 부분부터 하나씩 짚어가면서 서술해나갈 것이다.

그렇다고 해서 "PC방 창업의 전망이 좋으니 당장 시작하라."라고 권하는 것은 아니다. 아무리 전망이 좋아도, 얼마나 제대로 하느냐에 따라 그 운명은 완전히 달라질 테니 말이다. 이 책의 목적은 PC방 창업의 준비부터 운영까지 조금이라도 더 잘할 수 있도록, 객관적인 정보를 제공하는 것이다.

PC방의 인기와 수요,
의외로 오래가는 이유가 있다

모바일 게임의 위협?
오히려 희망이다

2010년대에 들어서면서, PC방은 새로운 도전을 맞이하게 된다. 아니, 정확히 말하면 도전이 아니라 '공격'이었다. 모두의 예상과 함께 등장한 그 복병은 바로 모바일 게임이었다. 이전까지 PC 보급이 활성화되고 노트북을 가진 개인이 늘어났어도 큰 위협이 되지 않았는데, 모바일이 보편화되자 PC방은 이전과 다른 위협에 봉착하게 되었다. 언제 어디서나 마음만 먹으면 주머니에서 스마트폰을 꺼내 게임을 즐길 수 있는 시대가 찾아온 것이다.

태블릿 형태의 모바일까지 다양하게 보급되면서, 스마트폰보다 큰 화면으로 다양하게 게임을 즐기게 되었다. 자연스럽게 모바일에서 즐길 수 있는 무수한 게임 앱이 등장했고, 더 이상 PC방을 찾아야 할 이유도 사라진 것 같았다.

2019년이 된 지금, 예상을 뒤엎고 PC방은 여전히 건재하다. 모바일 기기가 보편화된 지 10여 년이 되어가는데도 말이다. 여전히 모바일 게임을 거론하면서 PC방의 미래가 어둡다고 말하는 사람들이 있다. 그러나 모바일 게임의 활성화가 PC방의 성장에 타격을 끼친다고 속단하는 것은 이제 비약이다.

모바일 게임 시장이 발전하면서 게임 자체에 대한 인기가 높아졌고, 많은 게임이 모바일과 PC의 연동을 지원하기 때문에 게임 마니아들은 PC방에 더 몰리게 되었다. 일부 PC방에서는 모바일 게임과 발을 맞추기 위한 차별화 전략도 시도하고 있다(가령, PC 게임을 하면서 모바일 게임도 함께 즐길 수 있는 장소를 PC방에 마련해놓은 경우가 있다. 자세한 사항은 부록에서 소개된다).

이런 상황에서 볼 때, 모바일 게임의 발달은 독이 아닌 희망의 요소가 될 수도 있다. 모바일 게임의 발달로 게임을 즐기는 사람들이 다양해졌고, 기존 게임 마니아들 역시 게임에 더 집중하게 되었기 때문이다. 간단히 정리하면, 모바일 게임의 발전은 게임 자체의 발전으로 연결되었고, 게임 자체의 발전은 결국 PC방의 존재 이유에 힘을 실어주게 된 것이다.

트렌드에 부응하는 센스 있는 PC방

90년대 후반 젊은이, 특히 청소년들에게 큰 인기를 끌었던 공간이 있다. 바로 콜라텍이다. 아마 90년대 이후 태어난 이들에게는 생소하겠지만, 그 이전에 태어난 사람들이라면 한때 선풍적인 인기를 끌었던 콜라텍을 기억할 것이다. 그러나 현재 콜라텍은 흔적도 없이 사라졌고, 그나마도 중장년층의 무도장으로 변해버렸다.

신기하게도 비슷한 시기부터 주목받아온 PC방은 여전히 살아남았다. 사람들은 PC방을 찾고, 오히려 더 다양한 연령대가 PC방에 자리를 잡고 있다. 대체 무슨 까닭일까? 왜 콜라텍은 살아남지 못했는데, PC방은 살아남은 것일까?

시대의 흐름을 보면 콜라텍이 살아남는 것이 자연스러워 보인다.

PC방은 앞서 언급한 것처럼, PC와 모바일 게임의 직격탄을 더 맞지 않았던가? 굳이 PC방을 찾지 않아도 충분히 게임을 할 수 있는 상황과 마주하지 않았던가?

반면, 콜라텍은 청소년과 젊은이들의 특별한 문화 공간으로써 명맥을 이어갈 만했다. 그곳을 대체할만한 적수가 나타난 것도 아니었다. 오히려 젊은이들의 문화 공간이 협소한 만큼 더 발전할 것만 같았다. 스트레스를 풀고 유흥을 즐기는 공간으로써, 시대가 변해도 살아남을 줄만 알았다.

그런데 왜 콜라텍은 사라지고, PC방은 여전히 동네마다 건재한 것일까? 왜 창업자들은 콜라텍이 아닌 PC방에 눈독을 들이고 있는 것일까? 그것은 트렌드를 잘 읽었기 때문이라고 생각한다. 더 많은 이유가 있지만, PC방은 적어도 시대의 흐름 속에서 사람들이 원하는 것을 찾으려고 했다.

PC방이 등장했을 당시와 현재의 PC방을 비교해보면 다른 업종이라고 느껴질 만큼 내부 공간의 디자인과 구성이 달라졌다. 대표적인 것이 다양하고 풍부해진 음식 코너일 것이다. PC방 음식이 맛있어서 온다는 사람들이 있을 정도이니, 이제 PC방은 단순히 컴퓨터를 이용하기 위한 공간만은 아닌 셈이다. 그래서 많은 도전자가 등장했음에도 자기 자리를 지키고 있다. 그만큼 PC방은 바쁘게 살아가는 현대인들에게 놀이 문화와 먹거리 문화를 동시에 제공하는 최적의 안식처가 되어주었다.

비슷하게 트렌드를 잘 읽는 곳이 바로 영화관이다. 게임과 마찬가지로, 영화 역시 홈시어터나 대형 모니터 TV로 집에서 볼 수 있는 시대가 되었다. 그런데도 사람들은 영화관을 찾는다. 개봉작을 빨리 보거나 초대형 스크린으로 보고 싶은 이유도 있겠지만, 영화관에서 제공하는 특별한 먹거리 역시 사람들이 영화관을 찾게 하는 하나의 요소가 된다고 본다. 그런 면에서 PC방과 영화관은 시대의 흐름을 잘 읽어 살아남은 경우라고 볼 수 있다. 어떤 사람이든 좋아하는 일을 하면서 맛있는 것을 먹고 싶어할 테니 말이다.

음식만이 아니라 특별하고 세련된 인테리어의 변화, 집에서는 할 수 없는 게임들, 고가의 첨단 기기, 유료 게임, 게임사의 혜택 등을 경험하게 해주는 등 다양한 노력도 무시할 수 없다. 게다가 게임을 좋아하는 사람끼리 어울릴 수 있는 문화 공간으로써 자리매김한 것 역시 인기 유지의 비결이 된다. 이제 PC방은 PC만 이용하는 공간이 아니다.

기억해야 할 것은 앞으로도 PC방은 안주하지 말고 지속해서 트렌드에 맞게 변해야 한다는 사실이다. 변하는 세상 속에서 방심한다면 PC방도 어느 순간 역사의 뒤안길로 사라질지 모른다. 적어도 지금까지 PC방은 나름대로 선방해왔다. 그만큼 PC방의 역사는 각종 위기를 극복하며 탄탄하게 이어져 왔으니, 앞으로도 자기 역할을 잘해낼 것이다.

PC방 창업이
덜 부담스러운 이유가 있다

하드가 없으니 고장도 없다

창업을 하려면 가장 먼저 그 분야의 전문가가 되어야 한다. 요식업의 경우, 음식에 대한 지식이나 요리에 대한 능력 없이 성공할 수 없다. 쉬워 보여서 도전했다가는 낭패를 본다. 그런데 PC방은 컴퓨터를 기반으로 두고 있지만, 컴퓨터 관리 능력이 없는 사람도 창업할 수 있다.

그 이유는 PC 기술의 놀라운 발전에 있다. 최근 PC방의 PC는 대부분 노하드 시스템으로 운영되고 있는데, 이것은 말 그대로 하드디스크가 없다는 말이다. 각 PC에 하드가 없는 대신 중앙 서버를 공유하는 클라우드 시스템을 사용하기 때문에 네트워크로 연동된다. 쉽게 말해서, 서버 컴퓨터에 신규 게임을 한 번만 설치하면 PC방의 모든 PC에 그 게임이 설치되는 것이다.

그밖에 OS 설치, 게임 패치 및 드라이버 설치 등도 손쉽게 할 수 있다. 물론 노하드 시스템으로 운영하더라도 전체의 30% 정도의 PC에 SSD를 장착하여 좀 더 빠른 속도로 게임을 하는 VOG 시스템을 운영할 수 있다. 특히 이런 시스템은 모두 원격으로 관리할 수 있다.

하드가 없는 것이 왜 PC방 운영의 부담을 줄여줄까? 단지 프로그램을 모든 PC에 일일이 설치하지 않아도 되기 때문에 그런 것일까? 그 역시 분명 편리한 점이지만, 더 중요한 것은 A/S 문제다. 컴퓨터 활용에서 가장 골치 아픈 문제가 고장인데, 프로그램 오류나 바이러스는 자칫 PC를 망가뜨릴 수도 있다. 그러니 하드가 없으면 적어도 소프트웨어와 관련된 문제를 막을 수 있어서 골치 아플 일이 없게 된다. 과거에는 전문가들만이 할 수 있었던 일들을 이제는 누구나 쉽게 할 수 있게 된 것이다. 고장이 없으면 그만큼 PC를 오래 사용할 수 있을뿐더러, 지속해서 필요한 게임 업데이트에도 매우 유리하다.

손이 덜 간다

어느새 PC방은 화이트칼라 출신들이 가장 선호하는 창업 분야가 되었다. 그들은 회사 안에서 의자에만 앉아있던 사람들이기 때문에 이리저리 뛰어다니면서 하는 일에는 익숙하지 못하다. 그래서 가능한 한 편하게 할 수 있는 것을 찾게 되는데, 그중 하나가 PC방이다. 똑똑한 아르바이트생 한 명만 있어도 운영할 수 있는 곳이 PC방이다. 심지어 원격 운영도 가능하다.

최근 PC방의 주 수입원이 된 푸드 판매 역시 크게 부담되지 않는다. 먹거리 유통사에서 필요한 것들을 다 가져다주는 데다가 대부분이 냉동식품이다. 전자레인지만 있으면 몇 개의 요리가 가능한 셈이다. 그나마 조리가 필요한 것들도 레시피가 모두 있으니 그대로 따라 하면 된다.

PC방 먹거리의 다양화와 품질 상승은 PC방 매출 대비 10%였던 먹거리 매출을 무려 40%까지 끌어올렸다. PC방 수입의 절반 정도가 음식 판매에서 나온다는 말이다. 이제 PC방은 오락 문화를 넘어 음식 문화까지 책임지고 있다.

보수적인 한국 문화는 청소년들이 놀 수 있는 공간을 허락하지 않는다. 그러다 보니 PC방은 거의 유일한 청소년들의 문화 공간이 되었다. 2019년이면 벌써 20년 넘게 청소년들의 문화 공간으로 자리매김한 셈이 된다. 그동안 PC방은 단 한 번도 청소년들에게 외면당한 적이 없었다.

왜 시대가 변해도 청소년들은 PC방을 찾는가? 일단 저렴하기 때문이다. 경제력 없는 청소년들은 적은 용돈으로 놀아야 하기에, 그들의 주머니 사정에 맞게 놀 수 있는 곳은 사실상 PC방뿐이다. 천 원 정도만 가지고도 한 시간을 즐길 수 있으니, 이보다 가성비 좋은 놀이 공간이 어디 있겠나?

집마다 PC가 있기 때문에 청소년들이 PC방을 찾지 않을 수 있다고 생각할지 모른다. 그러나 청소년은 철저히 또래 문화를 즐기는 집단이다. 혼자 노는 것을 좋아하는 소수를 제외하고는 '함께 어울려야 재미있다'고 생각하는 것이 그들이다. 그래서 몰려다니며 함께 즐겨야 하는 청소년의 욕구를 충족시켜줄 수 있는 PC방이 필요하다. 아무리 좋은 PC나 모바일 게임이 있어도 집에서는 친구들과 어울릴 수 없으니, 청소년들은 PC방을 찾을 수밖에 없다.

최근에는 미성년자인 청소년뿐만 아니라 성인인 청년들도 PC방 문을 두드리고 있다. 그 청년들은 10년 전인 청소년 시절부터 게임을 즐긴 리니지, 스타크래프트 세대다. 그들이 지금 청년이 되었는데, 경기 불황과도 맞물려 가성비 좋은 놀이 문화를 꾸준히 이용하여 두터운 고객층을 형성했다.

이렇게 'PC방의 단골은 청소년들뿐'이라는 공식이 깨졌다. 과거 성인들은 PC방이나 게임의 맛을 몰랐기 때문에 PC방과 상대적으로 거리가 있었지만, 10여 년 전 청소년이었던 지금의 청년들은 그 재미를 알기 때문에 지속해서 게임을 즐긴다. 이러한 추세대로라면 현재의 청소년들 역시 성인이 된 후에도 지속해서 PC방을 찾게 될 것이다. 물론 나이가 많이 들면서 그 빈도가 줄겠지만, 적어도 청장년 시절에는 저렴한 비용으로 스트레스를 풀 수 있는 PC방을 외면할 이유가 없다.

그런 면에서 볼 때 PC방의 앞날은 긍정적이다. 충성도 높은 단골 고객층을 형성하면 고정 수익도 어느 정도 보장되기 때문에 이런 현실은 PC방 창업에 대한 부담을 한층 줄여준다.

초기 소자본으로 창업이 가능하다

'PC방 창업'이란 말을 듣고 가장 먼저 떠오르는 것은 대부분 'PC 설치'다. 여러 대의 PC를 구매하는 비용은 가장 큰 부담으로 다가올 것이다. 새롭게 출시되는 온라인 게임은 모두 고사양이기 때문에 PC 구매 가격은 계속 상승하는 추세다. 당연히 PC방 창업 비용도 동반 상승할 수밖에 없다.

하지만 PC는 현물과 같아서 잔존 가치가 높고, 수익률이 높아서 금융사에서 창업 시 대출을 좋은 조건으로 해주는 장점이 있다. 창업 비용이 많이 들지만, 대출 또한 많이 나오기 때문에 그만큼 점포 선정 노하우와 수익률 분석만 잘할 수 있다면 적은 초기 자본으로 창업할 수 있다.

수익과 관련된 PC방의 장점 중 하나는 현금화다. 근래에 들어서는 카드 결제 시스템이 많이 도입되고 있지만, 아무래도 젊은 층이 많이 찾고 소액 결제가 대부분이다 보니, PC방에서는 현금결제가 일반적이다. 전체 결제 수단 중에서 현금 비중이 80% 이상인 곳은 아마도 PC방밖에 없을 것이다. 이처럼 PC방의 장점 중의 하나인 빠른 현금 순환은 PC방 운영에서 매우 유리한 점이라고 볼 수 있다.

PC방의 자취를
되짚어보자

어느새
스무 살이 훌쩍 넘은 PC방

언제부터인지 우리 곁에 다가온 PC방. 과연 PC방은 언제 처음 시작되었을까? 역사를 잊은 민족에겐 미래도 없다고 했다. PC방 창업의 전망을 살펴보려면 그 PC방이 어떻게 시작되었는지를 간략하게나마 살피는 것이 중요하다. 그동안의 역사를 알아야 앞으로의 미래도 가늠할 수 있을 테니 말이다.

PC방이 우리나라에 처음 도입된 것은 1997년이다. 당시는 모뎀(전화선)으로 인터넷을 활용하던 때라 지금과는 비교도 할 수 없을 정도로 느리고 낙후되었다. 하지만 그때는 인터넷의 존재 자체가 센세이션한 것이었다.

그렇게 보면 PC방의 나이도 어느 정도 계산이 된다. 이 책을 쓰고 있는 2019년 기준으로 PC방은 어느새 23세가 되었다.

PC방이 태어난 1997년은 우리가 잘 아는 것처럼 IMF가 터진 시기다. 아무래도 이 시기에는 너도나도 할 것 없이 침체기를 겪었기에 PC방 역시 빛을 보지 못한 채 사라질 수도 있었다. 그런데 오히려 IMF는 PC방의 인기를 끌어올리는 견인차가 되었다. 주머니 사정이 여의치 않아 PC방에 발길이 끊어질 거라는 예상도 있었지만, 오히려 명예퇴직자들이 늘어나면서 관리가 편한 PC방 창업이 줄을 이었다.

그런 시대적 배경과 더불어, 컴퓨터의 활용도가 높아진 것도 중요한 이유라고 볼 수 있다. 이전까지만 해도 컴퓨터를 활용할 수 있는 사람은 많지 않았다. 컴퓨터란, 컴퓨터 학원에 다니거나 관련 직종에 종사하는 소수만이 다룰 수 있는 첨단 기계였으니 말이다. 실제로 그때만 해도 컴퓨터 프로그램을 활용하여 리포트를 쓰는 대학생은 많지 않았다. 지금은 손으로 리포트를 쓰는 것 자체가 허용되지 않는 시대지만, 그때만 해도 워드 프로그램을 쓰는 것이 신기한 일이었다.

90년대 후반에 들어서면서 PC가 보급되기 시작했다. 컴퓨터 학원에 다니지 않아도 클릭만으로 컴퓨터를 활용할 수 있는 편리한 시대가 찾아왔다. 자연히 PC방도 호황을 누릴 수밖에 없었다.

당시에는 PC가 본격적으로 보급되었지만, 지금처럼 모든 사람이 PC를 다 가지고 있었던 것은 아니었다. 그러니 컴퓨터를 쓰려면 어쩔 수 없이 PC방을 찾아야만 했다. 당시 컴퓨터 가격이 240여만 원을 웃돌았으니, 지금처럼 쉽게 사기는 어려웠다. 결국, 대학생은 물론이고 회사원들도 PC방을 이용해야 할 때가 많았다. 지금은 흔하게 들고 다니는 노트북 역시 그때는 아무나 들고 다닐 수 없던 진귀한 물건이었으니, PC방 활용은 업무나 학업의 연장에서 꼭 필요한 단계였다.

업무나 학업 용도로만 PC방이 활용되었던 것은 아니다. 업무, 리포트, 인터넷 자료 조사 외에도 PC가 제공하는 다양한 서비스를 찾는 이들이 하나둘 생겼다. 대표적인 것이 영상통화다. 스마트폰의 보급으로 이제 PC를 통해 영상통화를 하는 사람이 없을 것이다. 하지만 2000년대 초반까지만 해도 휴대폰으로 영상통화를 한다는 것은 상상할 수도 없는 일이었다. SF소설에서나 나올법한 이야기였을 뿐이다. 사실, 90년대 말은 스마트폰은커녕 휴대폰조차 흔하게 사용되지 않을 때였다. 휴대폰이 대중화되기 시작한 때가 99년도였다. 그 시절 영상통화가 필요한 사람들은 모두 PC방으로 향했다. 특히 외국에 있는 가족, 친구, 친척과 얼굴을 보면서 통화하고 싶을 때는 PC방을 찾을 수밖에 없었다. 이런 수요 때문에 당시 PC방에는 영상통화가 가능한 PC가 5~6대 정도 설치되어있었다. 비싼 국제전화를 생각하면 저렴한 비용에 얼굴까지 보고 대화할 수 있는 PC방 영상통화는 정말 획기적인 변화였다.

99년을 기점으로 보급된 또 하나의 새로운 문화가 채팅이다. 그 전까지만 해도 PC 통신은 흔하게 누리는 문화가 아니었지만, 90년대 후반부터 대중화되기 시작했다. 특히, 익명의 상대와 대화할 부담 없이 대화할 수 있다는 점은 젊은이들의 호기심을 자극하며 선풍적인 인기를 끌었다. 채팅을 하기 위해 PC방을 찾는 사람들이 늘었고, 그 중에는 10대 청소년도 다수였다. 지금은 게임을 하기 위해 PC방을 찾는 것이 대부분이지만, 그 시절만 해도 사람들은 다양한 목적을 가지고 PC방의 문을 두드렸다. 지금 보면 매우 낯선 그 시절 PC방의 단상이다.

PC방과 함께 발전한 게임 산업과 컴퓨터 산업

초기에는 다양한 목적으로 PC방을 찾는 사람이 많았지만, 아무래도 PC방을 발전시킨 것은 게임 문화다. PC방의 성황은 게임 산업의 발달과 그 흐름을 같이한다고 봐도 무방할 것이다. 전설의 시작은 1998년 한국에 들어온 게임 스타크래프트였다. 전에 없던 게임의 등장으로 수많은 사람이 PC방을 찾기 시작했다. 스타크래프트 때문에 PC방이 생겼다고 해도 과언이 아닐 정도로 그 하나의 게임 때문에 전국적으로 PC방이 무수히 생겨났다.

당시 PC방이 지금처럼 발전된 상태는 아니었다. 온라인 게임 대신 CD를 넣어야 하는 게임이 대부분이었다. 하지만 그 시절에는 그것만으로도 매우 특별했다. 그러던 중 CD로 하던 게임이 온라인으로 확장되면서 게임 산업과 PC방은 제2의 전성기를 맞게 된다. 이때부터는 PC방이 게임 덕을 본 것이 아니라, 게임이 PC방의 덕을 보았다고 해도 과언이 아닐 것이다.

처음 PC방이 활성화되기 시작할 때는 창업자들의 관심도 대단했다. 장충체육관에서 PC방 사업 설명회를 하면, PC방이 뭔지 알기 위해 모인 사람만 천여 명가량이었다. 결국, 모두 상담할 수 없어서 추첨을 통해 상담을 진행하는 진풍경이 이루어지기도 했다. 그만큼 PC를 잘 모르는 사람들에게도 PC방이라는 아이템은 욕심나는 것이었다.

만약 PC방이 스타크래프트에 머물러 있었다면 콜라텍과 같은 운명을 맞이했을 것이다. 하지만 우리나라 게임 산업의 발전과 함께, PC방도 본격적으로 사업을 확장하기 시작했다. 스타크래프트를 외국에서 받아들인 이후, 우리나라는 리니지와 디아블로 등의 게임을 만들어냈다. 초기에는 유행하지는 못했지만, PC방을 통해 입소문이 나면서 게임과 PC방 모두 호황을 맞게 되었다.

게임이든 PC방이든 기술 발달만으로 호황을 누리는 것은 아니다. 경제 원칙대로 수요가 있어야 한다. 그런 면에서도 PC방은 운이 좋았다고 할 수 있다. 경제 위기로 일거리가 줄어들었고, 갈 곳을 잃은 사람들은 저렴한 비용으로 즐길 공간을 찾아 PC방에 모여들었다. 그런 상황과 기술 발달이 맞물려 PC방은 급격하게 성장한 것이다.

PC방 창업, 신의 한수

학생들도 한몫했다. 사실 청소년들이 PC방을 즐기는 것을 우려하는 사람이 많다. 하지만 PC방처럼 안전한 곳도 없다. 어차피 청소년들은 무엇이든 즐길 공간이 필요한데, 술집과 같은 음지로 가느니 PC방을 택하는 것이 훨씬 안전하고 건전한 일이다. 특히 요즘 PC방은 변두리 커피숍보다 훨씬 인테리어가 잘 되어있고, 밝고 깨끗하다. 이런 환경 때문에 자연스럽게 '청소년들이 갈 수 있는 유일한 놀이 공간이 PC방'이라는 인식이 생겼고, 지금까지 그 문화가 이어지게 되었다. 여전히 이 부분을 우려하는 사람들이 있기는 하지만, 그럼에도 PC방처럼 안전한 곳이 없다는 것은 변하지 않는 내 소신이다.

한편, PC방은 컴퓨터 시장까지 바꾸어놓았다. PC방 창업이 급물살을 타자 일차적으로 호황을 누린 곳은 컴퓨터 시장이었다. 그뿐만 아니라 전용선과 메모리 시장 역시 PC방 덕분에 비약적인 발전을 이루었다. PC방이 치열한 경쟁 속에서 빠르게 발전하다 보니, 그에 발맞추어 컴퓨터 산업 자체가 급격하게 성장한 것이다. 여기에 가구 시장도 PC방의 성장에 숟가락을 얹었다. 1인 1책상을 기본으로 하는 PC방인 만큼, 다양한 책상과 의자 그리고 집기들이 급격하게 팔려나갔다. 그런 차원에서 보면, PC방은 90년대 말 이후 우리나라 경제에 꽤 큰 공헌을 했음이 틀림없다.

PC방의 규제, 그리고 극복기

2000년대 중반, PC방의 격동기가 찾아온다. 정부가 PC방을 규제하기 시작했다. 사람들이 오래 머무는 곳이라 사고가 생길 수 있다는 이유로 여러 정책이 시행되었는데, 불편함도 컸지만 장기적인 관점에서 보면 그 규제들은 PC방이 안정적으로 발전하는데 기여했다.

대표적인 규제가 흡연이다. 요즘 청소년들에게는 익숙하지 않은 이야기겠지만, 과거에는 성인들이 PC방에서 아무렇지 않게 담배를 피웠다. 하지만 규제가 시작되면서 흡연실과 금연실을 나누기 위해 유리나 에어커튼을 설치했다. 그때까지도 누군가는 흡연하며 PC를 사용할 수 있었다는 말이다. 이후 더 철저한 규제가 시작되어 아예 앉은 자리에서는 담배를 피울 수 없게 되었다. 흡연 부스가 따로 설치되어 담배를 피우려면 잠시 나가서 해결해야 했고, 그 변화가 지금까지 이어졌다.

처음에는 흡연자 고객들을 잃을 거라는 우려도 있었지만, 오히려 이 규제가 더 많은 고객층을 확보하게 해주었다. 동시에 PC방에 대한 인식도 긍정적으로 바꾸어줬다. 하지만 모든 규제가 긍정적이었던 것은 아니다. PC방 산업에 제동을 거는 정책도 등장했는데, 대표적인 것이 게임 셧다운제다. 하지만 그 혼란의 시기를 이겨내고 PC방들은 여전히 그 위상을 지키고 있다.

다양한 문제에도 살아남은 PC방의 저력을 볼 때, 앞으로도 승승장구할 거라고 판단한다. 세상이 완전히 바뀐 지난 20년을 버텨온 만큼, PC방은 앞으로도 충분히 시대와 발맞추어 존재할 것이다.

단, 살아남으려면 그에 맞는 노력이 필요하다. 나이가 들어도 관리하고 노력하면 멋지고 아름다운 모습을 유지할 수 있는 것처럼, PC방 역시 피나는 노력을 해야 한다. 그런 노력이 수반되는 한, 충분히 좋은 전망을 기대할 수 있는 분야일 것이다.

PC방
창업으로
빨리 망하는 방법

PC방 창업은 쉽지만
나만 쉬운 게 아니라서 문제다

파트 1에서 PC방 창업의 가능성에 대해 다루었다. 그런데 여기에는 함정이 있다. 가능성 있고 쉬운 만큼 경쟁이 치열하다는 사실이다. 아무나 못 하는 일을 하고 있다면, 그것만으로도 경쟁력을 갖춘 것이기 때문에 마음을 놓을 수 있다. 그 일을 시작하기까지 치열하게 준비한 만큼, 궤적에 오른 이후에는 상대적으로 편하게 일할 수 있다.

반면, PC방 창업은 상대적으로 큰 노력을 하지 않아도 되니 많은 사람이 도전하게 되고, 그만큼 창업 후에도 경쟁이 계속된다. 나만 쉬운 것이 아니라 남에게도 쉽다는 점은 양날의 검과 같은 것이다.
따라서 기본을 잃어버리면 경쟁에서 도태되는 것은 시간문제라는 사실을 기억해야 한다. 너무 어렵게 생각할 필요 없지만, 그렇다고 쉽게 생각해서도 안 되는 것이 PC방 운영이다.

여기서 말하는 기본이란 무엇일까? 이 파트에서는 PC방이 망하는 이유를 다루겠지만, 그 이유는 결국 PC방 운영의 기본, 즉 기본자세를 망각했기 때문이다. 그러니 이 파트에서는 그 기본을 다룬다고 보면 될 것이다. 이 기본을 갖춘 PC방이라면 현상 유지는 물론이고 그 이상의 성과를 낼 것이고, 기본을 포기한 PC방이라면 언제 망해도 이상할 것이 없다. 선택은 점주들에게 달렸다.

주인다운 주인이 없으면 망한다

주인 의식을 가진 점주만이 살아남는다

기본은 기술이나 기교가 아니다. 말 그대로 PC방을 잘 관리하려는 최소한의 자세다. 점주라면 자기 점포를 잘 관리하기 위해 해야 할 최소한의 노력과 자세가 있다. 아마 이 말을 듣고 누군가는 비웃을지도 모른다. 당연한 이야기를 종이 아깝게 왜하냐면서 말이다. 상식적으로 생각하면 자기 점포를 잘 운영하기 위해 노력하지 않는 점주는 없다. 그런데 실제로는 그런 점주들이 존재한다. PC방 운영 사례를 보면 그런 점주들의 모습이 잘 나타나있다.

PC방은 PC 관리에서 음식까지 반자동으로 관리해주는 시스템이고, 아르바이트생들이 제반 업무를 담당하고 있다. 점주도 사람이니 처음 그 간절함을 잊고 게을러지기 쉬운 이유다. 그래서 자리에 앉아 종일 게임만 하는 점주들의 모습을 어렵지 않게 목격할 수 있다. 그러면서 PC방 운영이 참 쉽다고 말하는데, 쉽게만 생각하면 한도 끝도 없이 쉽지만, 그 길은 곧 망하는 지름길이 된다.

가만히 있어도 다 해주는 시스템에서 점주는 무엇을 해야 할까? 사실 딱히 할 일이 있는 것은 아니다. 똘똘한 아르바이트생만 있으면 다 된다고 했듯이, 점주에게 특정 업무가 주어지는 것은 아니다. 하지만 업무가 없는 만큼의 여유 속에서 무언가를 해야 한다. 무에서 유를 창조하는 것, 그것이 바로 서비스다. 좀 더 정확히 말하면 고객

관리다.

업무가 많으면 고객 관리가 어렵다. 각각의 고객에게 서비스 정신을 발휘하기 쉽지 않다. 그러나 PC방 점주는 상대적으로 여유롭기 때문에 그 남는 에너지를 손님에게 써야 한다. 안 써도 당장 PC방 운영에 차질이 생기는 것은 아니지만, 서비스에 투자하는 점주의 점포는 생명력을 가지고 지속된다. 반면, 손님에게 무관심한 점포는 그리 오래가지 못한다. 손님들은 작은 서비스 하나에도 민감하다. 점포의 세심한 관리 하나하나에 많은 영향을 받는다. 게임이 좋아서 PC방에 왔지만, 위생, 청결, 친절 같은 요소에 좌우되는 존재가 바로 PC방 손님이다. 따라서 점주는 PC 관리는 물론이고, 좌석, 화장실, 흡연실 등을 관리해야 하고, 직원 관리에도 게을러선 안 된다. 그렇게 투자하는 시간과 노력에 비례해서 지속 가능성이 확연하게 달라진다.

프랜차이즈가
잡일까지 해주진 않는다

프랜차이즈 창업을 한 점주들은 본사에서 모든 관리를 다 해줘야 한다고 생각한다. 실제로 프랜차이즈에는 점주를 도와야 할 책임이 있지만, 그렇다고 해서 프랜차이즈가 모든 잡일까지 해줄 순 없다. 성공하도록 발판을 만들어주는 것이 프랜차이즈의 역할이고, 그다음부터는 결국 점주의 역량에 달렸다. 점주가 주인 의식을 가지고 열정을 쏟지 않으면 어떤 프랜차이즈라도 도울 수 없다는 말이다.

맛있는 음식을 만드는 것은 요리사이지만, 떠먹는 것은 내 역할이다. 떠먹는 것마저도 요리사가 해주길 기대하는 사람에게는 맛있는 음식을 먹을 자격이 없다. 밥상을 차려줘도 못 떠먹는 사람이 바로 주인 의식 없는 PC방 점주다.

어떤 프랜차이즈 PC방 본사에서는 고객 관리가 잘 이루어지고 있는지 확인하기 위해 손님으로 가장해서 점포를 방문한다. 암행어사처럼 점주들의 자세를 점검하는 것이다. 이것은 단순한 갑질이 아니다. 손님을 대하는 자세가 운영의 성공 비결이니, 바른 자세를 갖출 때 가장 큰 이익을 얻는 사람은 바로 점주들이다.

실제로 개인 창업이었으면 벌써 망했을 텐데, 그나마 프랜차이즈의 관리 덕분에 가까스로 현상만 유지하는 곳들이 많다. 그러나 사업의 목적은 유지가 아니라 성장이다. 아무리 프랜차이즈라도 점주가 노력하지 않으면 버티는 데 한계가 있다.

쉽다고 만만하게 보면
망한다

비전 없이 PC방을 창업하면
망한다

PC방 창업에서 전문성이 필요하지 않다고 설명한 바 있다. 그런데 전문성이 필요하지 않다고 해서 그저 재미로 PC방을 창업한다면 망하는 것은 시간문제다. 간혹 게임을 좋아하기 때문에 PC방을 차리겠다는 창업자들을 본다. 그 마음은 충분히 이해한다. 특별히 관리할 것도 없는데 좋아하는 게임까지 실컷 할 수 있으니 얼마나 꿈같은 세상인가? 그렇게 컴퓨터 앞에 앉아 게임이나 하면서 돈까지 벌 수 있다는 환상에 빠져있을 것이다.

그러나 상상과 현실은 엄연히 다르다. 적어도 PC방을 운영하는 사람이라면, 자신이 즐기려는 생각을 버려야 한다. 점주도 틈틈이 게임하면서 스트레스도 풀어야 하겠지만, 그 재미를 위해 창업을 하면 안 된다는 말이다. PC방 운영은 내가 아닌 다른 사람이 즐길 수 있는 공간을 만드는 일이다. 전문성은 떨어질 수 있지만, 이곳을 찾는 사람들에게 최적의 문화 공간과 놀이 공간을 제공하고 싶다는 비전만큼은 분명히 가지고 있어야 한다.

PC방을 통해 문화 사업을 하려는 의지가 있다면 누가 시키지 않아도 자기 점포를 위해 헌신한다. 청결 문제를 비롯하여 손님들이 최대한 만족하고 편안함을 느끼도록 신경 쓸 수밖에 없다. 아무리 게임을 좋아해도, 그 게임을 포기하고 남들이 더 좋은 환경에서 게임을 즐길 수 있는 것에 관심을 갖게 되는 것이다. 이런 PC방은 꾸준히 살아남을 수 있다. 만약 이런 비전에 전혀 공감할 수 없다면 과감히 포기하고 손님으로서 PC방을 즐기기를 권한다. 일은 다른 업종에서 찾는 것이 좋다.

위기 상황에서 단순하게 생각하면 안 된다

사업을 시작하면 누구에게나 위기가 찾아온다. 대표적인 것이 매출 하락이다. 매출 하락에는 다양한 원인이 있겠지만, 대표적인 것 중 하나가 경쟁 업체의 등장이다. 경쟁 업체가 많아질수록 위기는 심각해지고, 내 사업의 존폐까지 고려하게 될 수 있다.

인근에 경쟁 PC방이 생기면 그만큼 수요가 줄어들어 사업이 어려워지는 것은 당연하다. 이런 상황에서 단순한 전략을 구사해서는 안 된다. 보통 경쟁자가 등장했을 때 생각하는 것은 두 가지다. 하나는 차별화를 노리거나 품질을 높이는 것이고, 다른 하나는 요금을 내리는 것이다. 일반적으로 손님들은 저렴한 요금을 선호하기 때문에 싼 곳을 찾게 된다.

요금 인하는 단편적인 생각이다. 최근 PC방들은 모두 고사양 PC를 사용하기 때문에 어느 정도 품질이 평준화된 상태다. 그래서 품질로 승부하지 않고 가격대로 경쟁하려는 점주들이 많은데, 잠깐은 이 전략이 먹힐 수 있지만 장기적으로 보면 망하는 지름길이 된다.

요금을 낮추면 당장 손님이 늘어나는 것처럼 보이지만, 어느 시점이 지나면 정작 매출에는 큰 도움이 되지 않음을 알 수 있다. 거기에 비용을 낮추었으니 서비스의 질이 떨어지는 것은 당연한 결과다.

이런 선택은 혼자만이 아니라 서로 망하는 길이 된다. 어떤 PC방

43

이 요금을 내리면 옆의 점포 역시 불가피하게 요금을 맞춰야 하고, 경쟁심이 붙어 더 낮게 내릴 수도 있다. 그런 식으로 조금씩 가격을 내리게 되면 결국 함께 몰락의 길을 걷게 되는 것이다.

경쟁 상황에서는 단순하게 요금을 내리려 하지 말고, 자신만의 차별화를 선언해야 한다. 이를 위해서는 끊임없는 개발과 연구가 필요하다. 고객 입장에서 고민하며 전략을 찾아야 살아남을 수 있다.

첫 단추를 잘못 끼우면 망한다

점포 위치 선정을 쉽게 생각하면 바로 망한다

경쟁 업체가 한 곳이 아니라 여러 곳 생겨날 경우, 창업자는 매우 큰 위기를 맞게 된다. 이런 상황을 막으려면 애초부터 좋은 상권을 선택해야 한다. 상권이 좋으면 경쟁 업체가 등장해도 굳건하게 버틸 수 있다. 찾는 손님이 많으니 자연스럽게 분산되는 것이다. 따라서 경쟁으로 골머리를 앓지 않으려면 상권부터 잘 잡아야 한다.

여기서 창업자들이 쉽게 빠지는 착각이 있다. 바로 자신이 사는 동네에 PC방을 개업하는 것이다. 집과 PC방이 가까우면 좋으니 생각 없이 동네에 PC방을 개업하는 경우가 있는데, 이것은 첫 단추를 완전히 잘못 끼운 전형적인 사례. 운이 좋게 자신이 사는 동네의 상권이 좋아 수월하게 운영되는 경우도 있겠지만, 좋은 상권에 사는 사람은 많지 않다. 그래서 상권에 대해 잘 고민해야 하는 것이다.

또한, 전문적인 검토 없이 부동산 소개만 듣고 계약해서도 안 된다. PC방은 일반 가정집과 다르다. 공인중개사들은 부동산 전문가지만 PC방 상권에 대해서는 잘 모른다. 수완이 좋으면 몰라도 아는 척할 수 있지만, 그건 어디까지나 다른 상권과 비슷하게 생각하면서 하는 조언에 지나지 않는다. 그런 전문성 없는 조언에 속아서는 안 된다. 만약 부동산에서 상권 분석도 제대로 하지 않은 채 말만 듣고 계약한다면 그건 스스로 실패의 길을 선택한 것과 다름없다. PC방은 영업허가 내는 부분이 까다롭기로 유명하다. 학교 정화구역, 건축물 용도 확인, 전기 안전 필증, 소방 완비증, 청소년 시설 기준 준수 등 허가를 받아야 할 사항이 매우 많다. 부동산에서는 이런 내용을 전혀 모른다. 안다고 해도 수박 겉핥기식으로 알고 있을 뿐이다. 간혹 공인중개사 말만 믿고 공사까지 다 했는데, 구청에서 허가해주지 않아 낭패를 본 점주도 여럿 있다. 따라서 상담은 PC방 전문 점포 개발자에게 의뢰하는 것이 현명하다.

다양한 사업 중 상권의 비중이 유난히 큰 분야가 있는데, 그중 하나가 PC방이다. 상권 분석이 제대로 이루어지지 않으면 금세 망하는 업종이 바로 PC방이다. 유동 인구는 물론 주변 상권 등을 면밀하게 관찰하는 등의 노력이 필요하다. 만약 우수한 프랜차이즈의 도움을 받아 창업하게 된다면 이 부분에 대해서는 도움을 받을 수 있을 것이다(단, 모든 프랜차이즈가 상권을 완벽히 분석해주는 것은 아니다. 전문성이 있는 프랜차이즈만이 자기 역할을 제대로 할 수 있다).

참고로, 점포의 위치 선택과 관련된 내용은 파트 7에서 자세하게 다룰 것이다.

프랜차이즈를 잘못 선택하면 망한다

당연한 말이지만, 프랜차이즈로 창업할 계획이라면 아무 프랜차이즈나 선택해서는 안 된다. 좋은 프랜차이즈를 선택하는 것이 PC방 창업의 첫 단추다.

영업 사원의 수려한 언변에 속아서 프랜차이즈를 선택하는 경우가 비일비재하다. 사람만 믿고 간다면 배신당해도 할 말이 없다. 본사의 조언과 설명에 귀를 기울여야 하지만, 분명한 자신만의 판단 기준을 마련해야 한다(파트 5, 6에서 피해야 할 프랜차이즈와 믿어야 할 프랜차이즈를 다룰 텐데, 해당 부분은 매우 신중하게 검토해야 한다).

예비 창업주들을 속이는 프랜차이즈가 많다. 저렴한 창업 비용을 제시해서 끌어드린 후 공사 과정에서 추가 비용을 지속해서 요구하는 사례가 대표적이다. 이미 계약을 마친 상태라 예비 창업자는 불가피하게 끌려갈 수밖에 없다. 손해를 보고 사업을 시작하게 되는 것이다. 이미 공사를 시작한 상황에서 그만두면 막대한 손해가 발생하니, 울며 겨자 먹기 식으로 달라는 돈을 군말 없이 헌납해야만 한다.

손해 보고 시작한 이상 회복은 쉽지 않다. 마이너스를 채우며 세월을 다 보내는가 하면, 이미 정직하지 못한 프랜차이즈와 계약된 이상 성장세를 타는 것도 어렵다. 그렇게 망하는 길에 들어서게 된 것이다.

자본이 탄탄하지 않으면 망한다

대출을 받고 창업하는 것이 일반적이지만, 과도한 대출을 받으면 늘 위태로운 상태에 놓인다. 옷으로 비유하자면, 첫 단추는 제대로 끼웠는데 단추의 바느질이 풀려 떨어질 것 같은 상태라고 보면 된다.

초기 자본금이 제대로 갖춰지지 않은 상태에서 'PC방은 창업 대출이 쉽다'는 말만 듣고 투자금의 70% 이상을 대출로 충당한다면 이미 빚잔치의 시작이라고 볼 수 있다. 그렇게 되면 영업 수익의 90% 이상이 대출 원리금과 이자로 다 빠져나가기 때문이다. 그러니 누구도 오래 버티지 못한다. 통계를 보면 대부분 반년도 못 가서 폐업하게 된다. 이런 사례가 많다 보니 PC방을 팔겠다며 내어놓은 것을 많이 목격할 수 있다.

프랜차이즈를 통해 창업하려면 창업자의 자본만이 아니라 해당 프랜차이즈의 성장 과정을 확인하는 것도 중요하다. 이 부분에 대해서는 파트 5에서 자세하게 살펴보도록 할 것이다.

PC는 몰라도 창업에 대한 지식은 풍부해야 한다

PC방은 쉽게 차릴 수 있다는 생각으로 아무렇지 않게 창업에 뛰어드는 경우가 많다. 하지만 창업에 대해, 특히 PC방 창업에 대해 모르고 시작하면 망하기 쉽다. 그런 예비 창업자들이 워낙 많기 때문에 조금이나마 도움이 되고자 이 책을 펴낸 것이기도 하다.

어떤 창업자들은 PC방을 개업하면서, '100대는 되어야 하는 거 아니야?'라고 막연하게 생각하며 PC를 잔뜩 들여다놓는다. PC가 많으면 사람들이 많이 찾고 그만큼 매출도 오를 거라고 생각한 것이다. 주변의 비전문가들이 하는 이야기만 듣고 '이 정도는 들여봐야 하겠지?'라고 가늠하기도 한다.

이런 생각은 PC방의 기본 상식조차 모르는 것이다. PC방을 창업할 때 내 생각대로 PC 대수를 정하는 것은 금물이다. 상권에 맞는 대수가 정해져 있는데, 그것을 무시하고 시작하면 손해 보는 장사로 전락할 수밖에 없다. 정말 원하는 대수가 있다면(굳이 큰 규모로 시작하고 싶다면) 그에 맞는 상권을 찾아야 한다.

3

PC방에 대한 인식을 개선하는 PC방이 되라

PC방을 찾는 사람들에 대한
우리의 인식

여전히 PC방을 '게임 하는 사람들만 가는 곳'이나 '위생적이지 못한 곳'으로 인식하는 사람들이 있다. 그래서 PC방에 간다고 하면 문화생활을 하러 간다는 생각이 들지 않는다. 앞서 언급한 노래방도 문화생활이나 여가 생활 중 하나로 인식되어가는데, 여전히 PC방은 문화적인 개념으로 받아들여지지 않고 있다.

만약 이런 인식이 바뀌지 않는다면 PC방은 오래 갈 수 없다. 게이머들만 잡아서는 PC방이 오래 유지되지 못한다. 장기적으로 가려면 더 넓은 고객층을 확보해야 한다.
이런 변화는 단순한 홍보로 이루어지지 않는다. PC방 자체가 변화되어야 한다. 더 많은 사람이 찾을 수 있는 공간으로 바뀌어야만 한다.

PC방도 만인이 즐기는
문화 공간이 될 수 있다

키즈카페의 원리를
적용하라

잠시 키즈카페를 떠올려보자. 사실 키즈카페는 PC방과 전혀 관련 없어 보이는 공간일 수 있다. 그러나 발전과 성장을 위한 운영 원리는 매우 유사하다. 알고 보면 매우 관련이 깊은 키즈카페에 대해 알아보면서, 그와 같은 맥락에서 PC방의 운영 원리를 도출해내도록 하겠다.

젊은이들에게 PC방, 영화관, 노래방이 있다면, 어린이들에게는 키즈카페가 있다. 그 키즈카페의 활용도를 보면 앞으로 PC방이 어떤 방향으로 나아가야 할지 어느 정도 새로운 힌트를 얻을 수 있다.

키즈카페는 말 그대로 아이들(kids)이 안전하고 재미있게 놀 수 있도록 만들어진 실내 공간이다. 키즈카페는 아이들을 위한 특별한 공간으로 인식된다. 그런데 키즈카페가 아이들만을 위한 공간일까? 엄마들이 아이들을 위해 키즈카페에 방문하는 것일까? 사실 엄마들은 아이들 때문이 아니라 자신들을 위해 키즈카페를 찾을 때가 많다. 지인을 키즈카페에서 만나면 안전하고 재미있는 장소에서 아이들이 놀게 되어, 엄마들은 그 틈을 타 커피를 마시며 카페 문화를 즐길 수 있다. 그래서인지 아이들이 졸라서 오는 경우도 많지만, 반대로 엄마들이 아이들을 무작정 끌고 오는 경우도 많다. 특히, 의사소통이 아직 되지 않는 영유아를 키우는 엄마라면 더욱 그러기 쉽다.

그런 까닭에 키즈카페를 만드는 사람들은 아이들만 생각하며 키즈카페를 꾸미지 않는다. 아이들이 재미있고 안전하게 놀 수 있도록 다양한 놀이기구를 설치하고 장난감을 구비하지만, 엄마들로부터 환심을 살 수 있는 카페 분위기를 조성하는 데에도 남다른 신경을 쓴다. 게다가 최근에는 아이들과 함께 오는 아빠들도 늘어났기 때문에 아빠를 위한 편의 시설 역시 증가하는 추세다. 안마 의자처럼 아이들과 아무 상관 없는 제품을 키즈카페에서 쉽게 찾을 수 있는 것도 그런 이유 때문이다. 아이들이 놀 때 잠시 누울 수 있는 공간을 마련하는 등의 서비스가 생기니, 이전에는 아이를 보기 힘들어하던 아빠들이 키즈카페를 많이 찾고 있다. 또한, 키즈카페는 PC방처럼 식사류 음식을 판매하면서 어느새 식당의 기능도 담당하고 있다. 단지 노는 것을 넘어 간단한 외식까지 해결할 수 있게 된 키즈카페는 이제 단순히 놀이 공간 이상의 가치를 지니게 되었다.

정리하자면, 키즈카페는 이름에서 보이는 것처럼 단순히 '키즈'만을 위한 공간이 아니라 엄마들의 수다와 휴식 공간, 아빠들의 쉼터, 가족의 간단한 외식 장소로 기능하게 되었다. 그 덕에 어린 자녀를 둔 가족이 주말마다 찾게 되는 문화 공간으로 자리 잡게 된 것이다.

PC방 창업과 운영에서도 이 원리를 적용해야 한다. 우선, PC방이라고 해서 PC를 사용하는 사람들만을 타깃으로 삼아서는 안 된다. PC방은 게이머들의 전용공간이 아니고, 그들만이 손님인 것도 아니다. 키즈카페의 주요 고객이 어린이만이 아니라 그 아이들의 가족인 것처럼, PC방은 게이머를 넘어서 새로운 고객층을 확보해야 한다.

새로운 고객층을 확보하려면 어떻게 노력해야 할까? 사실상 PC방을 운영하는 사람 중 이런 고민을 하지 않을 사람은 없다. 누구나 다양한 고객층을 꿈꾼다. 과연 어떻게 해야 하는지가 문제인데, 그 방법은 PC 자체와는 아무런 상관이 없다. 더 좋은 게임, 더 좋은 사양의 PC를 들여놓는 것은 다양한 고객층 확보와 아무 상관이 없다. 게이머들을 더 많이 포섭하려면 PC를 통해 경쟁해야 하지만, 그 이외의 고객층을 겨냥하려면 다른 방식으로 접근해야 한다. 마치 키즈카페가 어른들을 위한 카페와 식당 그리고 휴식 공간에 더 많은 신경을 썼던 것처럼 말이다.

집중해야 할 부분은 크게 두 가지다. 보는 것과 먹는 것, 시각과 미각. 이 두 가지는 매우 중요한 감각인데, 인간의 기본욕구인 그 감각들을 외면해서는 안 된다. 특히 비게이머를 대상으로 생각한다면 먹거리나 분위기만으로도 경쟁할 수 있다.

최근 PC방에는 샵인샵(shop in shop) 형태의 먹거리 판매가 다양화되었다. '먹기 위해' 오는 손님이 늘고 있는 것이다. 다양한 먹거리가 알차게 구비되고 깨끗하게 제공된다면, 그야말로 PC방은 쉬면서 음식을 즐기는 공간으로 여겨져 부담 없이 찾아올 수 있게 된다. 여기서 PC는 부수적인 역할을 할 뿐이다.

인테리어가 잘 되어있으면 카페 분위기를 연출한다. 지인, 친구, 연인과 시간을 보낼 수 있는 공간으로 기능하게 되는 것이다. 앞으로 PC방은 카페 대신 분위기 있는 만남과 휴식의 장으로 기능할 수도 있다.

이 외에도 다양한 가능성이 있다. PC 활용과 별개로 다양한 목적을 가진 다양한 연령층의 손님에게 다가간다면 PC방은 새로운 전성기를 맞게 될 것이다.

구체적인 방법을 살펴보기에 앞서, PC방이 새롭게 겨냥해야 할 고객층이 누구인지를 확인해야 한다. 키즈카페는 아이가 아닌 그 아이들의 부모에 대한 서비스를 확대하여 새로운 가치를 창출했는데, 과연 PC방의 공략 대상은 누구인가?

결론부터 말하자면 '모두 다르다.' 각 PC방은 잡아야 할 대상이 서로 다르다. 키즈카페처럼 아이들의 부모라는 공략 대상이 정해져 있는 것이 아니다. 조금 더 구체적으로 말하면 '상권마다 다르다.' 그만큼 PC방과 상권은 밀접한 관계를 맺고 있다. 가령, 대학가에 있는 PC방은 커플이나 여학생을 공략 대상으로 삼아야 한다. 주택가의 경우에는 성인 남성, 특히 어느 정도 가장 역할을 하는 남성들을 공략 대상으로 삼을 수 있다. 학교가 많은 곳에서는 청소년들이 공략 대상이다. 여기서 말하는 청소년이란, 게임을 좋아해서 늘 PC방을 찾던 청소년이 아니라 게임에 관심이 없는 청소년들을 말한다.

요약하자면, '게임을 즐기는 젊고 어린 게이머들'이 아닌 다른 대상들에 주목하되, 그 대상을 선정하기 위해 상권을 분석해야 한다. 그 결과에 맞게 발전 전략을 세워야 할 것이다.

세부적으로 살펴보자. 여성을 공략해야 할 대학가의 PC방은 인테리어에 주목해야 한다. 카페 분위기가 날 수 있도록 메뉴 준비 및 관련 서비스에도 집중적으로 투자해야 여대생들의 눈을 사로잡을 수 있다. 그렇게 되면 게임을 하지 않는 여성들도 잠시나마 여가를 즐기기 위해 PC방을 찾을 수 있을 것이다. 게임은 하지 않지만, 최상의 모니터로 영화를 볼 수 있고 과제를 할 수도 있다. 물론 휴식을 취할 수도 있다. 무엇을 하든 분위기 좋은 곳을 저렴한 비용으로 이용하니 효과적일 것이다. 분위기만이 아니라 청결과 위생 문제에도 안심할 수 있도록 서비스를 제공한다면 편견 없이 PC방을 찾게 될 것이다.

무엇보다 여성들을 제대로 공략하게 되면 커플들로부터도 많은 사랑을 받을 수밖에 없다. 게임을 좋아하는 커플들이 아니어도 분위기가 먹거리에 특별한 신경을 쓰면 조금 저렴한 방법으로 데이트를 즐길 수 있는 공간으로 다가갈 수 있기 때문이다. 실제로 오늘날 PC방은 데이트 공간으로도 각광받기 시작했다. 그러므로 게임을 좋아하는 커플은 물론, 게임을 좋아하지 않는 커플도 잡을 수 있도록 기회를 잘 선용해야 한다.

남다른 인테리어에
사람들은 현혹된다

대부분의 여성 고객은
컴퓨터 사양에는 관심 없다

요즘 아파트 단지를 보면 이집 저집 리모델링 공사를 하느라 바쁘다. 과거에는 이사할 때 오래된 장판과 벽지를 교체하는 정도에 그쳤지만, 현재는 기간에 상관없이 자신만의 스타일로 리모델링해서 새로운 집을 만들어낸다. 그래서인지 리모델링에 투자하는 비용도 어마어마하다. 높은 비용을 들여서 리모델링을 한다는 것은 그만큼 인테리어가 얼마나 중요한지를 알게 해준다.

집뿐만 아니라 가게들도 인테리어에 각별한 신경을 쓴다. 특히 점포의 인테리어는 손님들의 호응과 직결되기 때문에 자연히 수익과도 연결된다. 그래서 이 부분의 중요성을 아는 사람은 과감하게 투자하지 않을 수 없다.

PC방도 예외가 아니다. 간혹 PC방은 'PC만 좋으면 될 것'이라고 생각하는 사람들이 있을지 모른다. 특히 인테리어에는 관심 없고, PC 사양에만 관심이 있는 일부 남성 고객은 충분히 그렇게 생각할 수 있다. 하지만 그런 사람들은 일부에 불과하다. 아무리 게임을 좋아하는 남성 고객들이라도, 같은 값이면 다홍치마이니 분위기 좋은 곳에서 게임 하고 싶어 한다.

여성 고객들은 훨씬 더 인테리어에 민감하게 반응한다. 대부분 여성은 체감할 수 없는 PC의 사양보다 눈에 보이는 인테리어를 더 중요하게 여긴다. 물론 요즈음에는 수준 높은 게임 실력을 자랑하는 여성 게이머도 많아졌지만, 그럼에도 심미적인 효과를 우선시하는 데에는 이견이 없다. 게임만을 위해 PC방을 찾은 경우가 아니라면 더욱 그럴 것이다.

분명 인테리어는 여성 고객을 잡기 위한 중요한 전략 중 하나다. 분위기 있는 카페에서 차를 마시기 위해 굳이 멀리 있는 카페를 찾아가는 사람이 많다. 그런 여성들에게는 인테리어가 PC방을 선택하는 중요한 기준이 될 수 있다.

손님을 잡으려면
편안히 오래 머물도록 만들어라

손님을 많이 확보하고 그 손님이 오래 머물도록 하는 것은 PC방의 기본 목표다. PC방 운영을 위한 모든 노력은 결국은 이것으로 귀결된다. 그렇다면 어떻게 해야 더 많이 불러 모으고, 더 오래 있게 만들까? 많은 장치와 노력이 필요하겠지만, 무엇보다 오고 싶은 분위기와 머물고 싶은 분위기를 만들어야 한다.

분위기를 만드는 것은 PC가 아니라 인테리어다. 인테리어를 깔끔하게 유지하는 관리 능력이다. 일단 인테리어가 남다르면 들어오고 싶어진다. 인간에게 시각 효과는 생각하는 것 이상으로 많은 영향을 미친다. 어차피 PC 사양은 거기서 거기가 아니겠는가. 결국은 심미적인 부분이 큰 기능을 한다.

남성이라고 다를 것 없다. 여성만큼은 아닐지 몰라도, 남성들도 멋있고 아늑하고 청결한 분위기에서 놀기 원한다. 그런 것이 중요하지 않다고 말하는 남성들마저도 은연중에 시각이 이끄는 곳을 선호하기 마련이다. 청소하기 싫어하는 게으른 아이라도 지저분한 방을 좋아하진 않는 것처럼 말이다.

그렇게 들어온 손님을 계속 머물게 하려면 남다른 인테리어가 필요하다. 단지 멋있고 예쁘기만 해서는 안 된다. 그것은 들어오기 전에만 영향을 미칠 뿐이다. 계속 머물게 하려면 안정감을 느끼게 해야 한다. 집과 같은 아늑함이 있어야 하고, 오래 있어도 질리지 않을 것 같은 분위기도 연출되어야 한다. 아무리 서비스를 잘 해주어도 분위기 자체가 딱딱하고 질리는 느낌이 난다면 결국 자리를 옮길 것이다. 그만큼 인테리어는 매출에 큰 영향을 미친다. 당장 직접적인 연관성이 없다고 느껴질지 모르지만, 장기적으로 볼 때 인테리어가 미치는 영향력은 엄청나다.

인테리어는 아무리 투자해도 아깝지 않은 분야다. 자재 하나부터 고급스러운 느낌이 나도록 투자를 할 수 있어야 한다. 누군가는 PC나 다른 서비스에만 신경 쓰면 되지 않느냐고 생각할지 모르지만, 손님을 오래 앉혀놓는 것은 결국 인테리어다. 정작 손님 자신들은 인테리어 때문에 이곳을 찾았거나 인테리어가 좋아서 더 오래 있고 싶다고는 말하지는 않을 것이다. 하지만 인식하지 못할 뿐, 반드시 영향을 미치게 된다. 안정감 없는 공간에서는 그 누구도 오래 머물려 하지 않음을 기억하자.

'특정 프랜차이즈=일률적인 인테리어'의 공식을 버려라

프랜차이즈 하면 가장 먼저 떠오르는 것이 일률적인 디자인이다. PC방만이 아니라 프랜차이즈 커피 전문점이나 제과점에 가면 모두 똑같은 인테리어로 점포가 꾸며져있음을 알 수 있다. 사실 그런 통일된 모습 때문에 프랜차이즈를 선호하기도 한다.

하지만 프랜차이즈라고 해서 반드시 같은 인테리어 패턴을 고수해야 하는 것은 아니다. 간판과 상호 같은 로고 디자인이야 같아야 하겠지만, 내부 인테리어는 상황에 맞춰 다양하게 바꾸는 것이 바람직하다. PC방은 더욱 그렇다. 식당, 커피 전문점 등은 한두 시간 정도를 머물다 가는 곳이기에 동일한 인테리어로 점포를 꾸며도 괜찮지만, 그보다 더 오랜 시간 머무는 PC방이라면 점포마다 조금 다른 콘셉트를 잡아 인테리어로 표현하면서 흥미를 끌 수 있기 때문이다.

입을 즐겁게 해주면
또 찾아온다

**먹으러 오는
손님들을 잡아라**

PC방에서 이루어지는 일들은 여가 생활과 문화 생활의 일부다. 일종의 욕구 충족을 위한 움직임이라는 말이다. 그런데 사람들에게 여가를 즐기거나 스트레스를 해소하는 것보다 더 중요하게 작용하는 욕구가 있다. 바로 먹는 것과 관련된 욕구다.

매슬로가 제시한 욕구의 단계를 보면, 생리적 욕구(physiological needs)가 인간의 가장 기본적이면서도 강력한 욕구임을 알 수 있다. 생리적 요구는 생존을 위해 필요한 요소들과 관련되는데, 음식, 물, 수면, 항상성, 배설, 호흡 등이 여기에 속한다. 이 말은 생리적 요구는 가장 기본적이면서 중요한 욕구이므로, 다른 욕구보다 먼저 충족되어야 함을 알려준다.

인간의 욕구는 PC방만이 아니라 다른 업종을 창업하는 사람들에게도 중요한 원리다. 이 기본적인 부분을 충족시키지 않으면 사람들에게 외면받을 것이 불 보듯 뻔하다. 아무리 점포, 업체, 서비스가 마음에 든다고 해도, 화장실 이용이 불편하고 물 마시기조차 어렵다면, 그 공간을 찾으려는 마음이 반감될 수밖에 없다. 잠깐 거쳐 가는 곳이 아니라 오랜 시간 앉아있어야 하는 PC방의 경우에는 이 부분이 더욱 중요하게 고려되어야 한다. 위생, 편안함, 공기 정화 같은 인간의 기본욕구를 충족할 수 있는 방향으로 시설을 갖추어야만 하는 이유다.

여기서 더 눈여겨볼 것은 음식이다. 생리적인 욕구 가운데 먹는 것만큼 중요한 것이 또 있을까? 배고플 땐 어떤 것도 생각나지 않는 것처럼, 음식은 인간의 삶과 행동에서 매우 중요하다. 그래서 어느 순간부터 PC방에는 다양한 먹거리가 등장했고, 손님들이 더 편하고 만족스럽게 PC방을 활용할 수 있도록 진화하고 있다.

초창기만 해도 PC방과 음식이 매치되지 않았다. 그러다가 시간이 흐르면서 음료, 컵라면, 과자류를 판매하며 입이 심심한 손님들, 요기가 필요한 손님들에게 만족감을 주기 시작했는데, 어느 순간부터 경쟁하듯 메뉴가 다양해지기 시작했고, PC방에서 음식을 판매하는 것이 보편적인 문화로 인식되었다. 이전까지만 해도 PC방에서 먹거리를 즐기는 것은 부분적이고 선택적인 현상에 불과했는데, 이제는 PC방 선택의 기준이 될 정도가 되었다.

이제 PC방 운영서 먹거리 제공은 핵심 영역으로 자리 잡았다. 전체 매출에서 먹거리가 차지하는 비율은 무려 40%를 상회한다. 이것은 사람들이 PC방을 노는 공간으로 여길 뿐만 아니라 먹는 공간으로까지 인식하고 있음을 알게 해준다. 더 나아가 먹기 위해 PC방을 찾는 손님들도 존재한다는 사실을 말해주고 있다.

따라서 운영자나 창업을 생각하는 사람들은 먹거리에 대해 고민하고 연구해야 한다. 그 고민이 결실을 맺어 손님들에게 만족감을 줄 수 있어야 한다.

PC방에서 먹거리 매출이 큰 비중을 차지하게 되었다. 이런 현상은 창업자들에게 매우 고무적인 소식이다. PC방에서 제공하는 먹거리는 일반 식당처럼 일일이 재료를 다듬거나 손질하지 않는다. 이미 조리된 식품을 가열하여 제공하는 것이 대부분이다. 누구도 PC방에서 거창한 요리를 바라지는 않는다. 최근에는 가열해서 먹는 반조리 음식도 꽤 고급화가 되어 충분히 그 맛을 즐길 수 있다. 그래서 PC방에서 제공되는 음식들은 'PC방에서만 즐길 수 있는 먹거리'로서 손님들에게 인정받고 있다. 원가 대비 판매가가 높다는 것을 알지만, PC방에서 이 정도 작은 사치는 부려도 된다고 생각한다. 실제로 다른 문화 공간들과 비교하면 PC방에서 사용하는 돈은 그리 크지 않다. 그래서 먹거리에 투자하는 돈을 낭비라고 생각하지 않는다. 그런 생각들 때문에 음식 영역에서 많은 발전과 성과를 나타내게 되었다. 적은 노력만으로도 쉽게 매출을 낼 수 있는 것이 먹거리다.

PC방에서 먹거리 문화가 갑자기 발전하게 된 것은 샵인샵 시스템의 영향이 크다. 샵인샵 시스템(shop in shop system)이란, 운영하는 점포의 자투리 공간에 또 하나의 사업 아이템을 추가해서 전체적인 판매 구조를 넓히는 형태다. 샵인샵 시스템은 최소한의 투자로 최대의 수익을 내는 구조이기 때문에, 창업 시장 내에서도 혁신적인 아이템으로 평가받는다. 실제로 이 시스템 덕분에 PC방의 인기 또한 치솟았다. 샵인샵 시스템은 먹거리가 부가 수입을 넘어서 주 수입원이 되도록 만들어주었다.

큰 노력 없이 음식을 판매하여 PC방 매출을 늘린다는 사실은 운영자에게 매우 고무적인 일이다. 하지만 이것이 모든 PC방에서 공통으로 나타나는 현상이기도 하다. 다른 문화 공간과 비교해볼 때 PC방의 경쟁력이 높아진 것은 분명하지만, PC방 사이에서는 또 다른 경쟁 요소가 될 수 있다.

다른 PC방과의 관계에서 경쟁력을 높이기 위해 할 일은 무엇일까? 첫 번째는 메뉴 구성이다. 먹거리 경쟁에서 우위를 차지하려면 맛으로 승부해야 하지만, PC방은 이미 조리된 식품으로 경쟁을 하기 때문에 사실상 맛은 다 비슷하다. 심지어 손님들도 그 부분까지 기대하진 않는다. 결국, 차별화를 하려면 메뉴로 승부해야 한다. 즉, 손님들이 선호하는 음식을 최대한 다양하게 제공하는 것이 중요하다. 식사류든 스낵류든 손님들의 취향을 잘 살피고 그에 맞게 메뉴를 구성해야 한다.

서비스는
고민하는 만큼 달라진다

**손님들은 동선에
꽤 민감하다**

"식당에 가면 주방과 가까운 곳에 앉아라."라는 말이 있다. 재미 삼아 하는 말이라고 하기엔 꽤 맞는 말이다. 삼깐의 온도차도 음식의 맛에 지대한 영향을 미치니, 주방에서 먼 곳에 앉는다면 그 음식 본연의 맛을 못 즐길 수 있다. 실제로 이 이야기는 맛을 중요하게 여기는 미식가들 사이에서는 공공연하게 받아들여지는 사실이다.

이 말이 의미하는 바는 내부 구조에서 '동선'이 중요하다는 것이다. 같은 넓이의 공간이라도 도면 디자인에 따라서 효율이 달라진다. 효율적인 동선을 찾으려면 건축가만이 아니라 PC방 유경험자들의 조언이 필수적이다. 설계 분야의 최고 전문가라고 해도 PC방 경험이 부족하면 손님과 운영자의 입장에서 설계하지 못한다. 그저 보편적으로 좋은 공간을 설계할 뿐이다. 반면, PC방 운영 경험이 있는 사람이 설계에 투입되면 운영자와 손님 모두가 만족할 수 있는 도면을 만들 게 된다. 가령, 카운터 가까이에 음료나 스낵 코너를 만들어야 하는 것은 일반적인 도면만 만들었던 사람이라면 놓칠 수 있는 부분이다. 일반 설계자들은 카운터와 스낵 코너에 각각 아르바이트생이 있다고 생각하지만, 두 사람의 동선까지는 고려하기 어렵다. 반면,

PC방 운영 경험이 있는 사람은 동선을 잘 아는 것은 물론, 한 명의 아르바이트생이 두 가지를 모두 한다는 점을 알고 있기에 그런 세세한 부분까지 모두 고민해서 설계를 완성할 수 있다. 이처럼 PC방을 운영해 본 경험자들의 조언에 기초하여 도면을 만들었기 때문에 손님, 운영자, 아르바이트생 모두 공감할 수 있는 효율적인 구조가 나올 수 있는 것이다. 물론 이런 부분에는 정답이 없으니 경험을 쌓으면서 더 많이 고민하여 발전시켜야 할 것이다.

흡연 부스의 위치도 중요하다

요즘 PC방, 커피 전문점에는 흡연 부스가 따로 만들어져있다. 그런데 PC방에서는 특별히 흡연 부스가 중요하다. PC방에 오는 사람들의 상당수가 남성이다 보니 흡연자 비율도 높다.

이러한 사실은 비흡연자에 대한 배려와 더불어 흡연자에 대한 배려에도 각별히 신경 써야 함을 의미한다. 흡연자 비율이 낮다면 흡연 부스만 적당히 설치해놓아도 되겠지만, 그 비율이 높으니 위치 선정부터 진지하게 고민해야 한다.

우선 흡연자들에게 최대한 도움이 되려면 흡연 부스에서 자기 자리를 확인할 수 있도록 구조를 잡아야 한다. CCTV가 있더라도 자신이 직접 확인해야 더 안심하고 PC방을 이용할 수 있게 된다. 동선을 짜는 데도 이 부분이 중요하게 고려되어야 한다. 물론 비흡연자를 위해 환기에도 각별히 신경 써야 한다. 흡연자의 비율이 높더라도 비흡연자들이 피해보는 일을 막아야 하고, 그래야 앞으로 더 다양한 고객층을 확보할 수 있다. 적어도 PC방에 가도 담배 냄새가 배지 않는다고 인식되어야 한다.

PC방을 기피하게 만드는
키보드의 위생에 각별히 주의하라

2011년, 이탈리아 시에나 의과대학에서 실시한 충격적인 실험이 소개되었다. 당시 의과대학에서는 30개의 컴퓨터 키보드를 수거해 균을 배양했는데, 공공장소에 있는 키보드는 물론 집에 있는 개인 컴퓨터의 키보드까지 포함해서 검사했다고 한다. 특히 개인 컴퓨터인 경우에는 컴퓨터 사용 도중 먹는 습관이 있는 사람과 없는 사람의 것을 따로 분리해서 디테일하게 검사를 했다.

어느 정도 심각한 결과가 나올 거라는 것은 누구나 예상했지만, 실제 결과는 생각보다 훨씬 충격이었다. 공기 중에 있는 포도상구균이나 연쇄상구균 그리고 사람의 피부에 상주하는 균들이 컴퓨터 키보드에서 배양되었다. 심지어 사람의 장 속에 살다가 변을 통해 옮겨지는 장구균까지 배양되었다고 한다.

문제는 배양된 세균의 양이 상상을 초월한다는 것이다. 보통 여러 세균이 한군데 모여있는 모양을 군집이라 하고, 세균의 수는 이 군집 단위로 계산한다. 실험 결과, 키보드 키 하나에서 배양된 세균은 최고 430CFU였다. 이는 컴퓨터 키보드에 변기보다 최고 50배 이상 많은 세균이 살고 있다는 의미다. 특히, 컴퓨터를 하면서 먹는 습관이 있는 사람의 키보드에는 포도상구균이 더 많이 배양되었다고 밝혀졌다. (당연히 그 이유는 음식물 부스러기가 많은 세균을 불러오기 때문이다.)

출처: http://news.sbs.co.kr/news/endPage.do?news_id=N1001154043&plink=COPYPASTE&cooper=SBSNEWSEND

이 연구가 언론에 소개되기 전에는 키보드가 이 정도로 더러운 물건이라고 누구도 상상하지 못했다. 물론 여러 사람이 사용하는 키보드가 깨끗할 수는 없을 것이다. 하지만 그런 키보드라도 화장실 변기보다 더러울 것이라고는 누구도 상상하지 못했다. 손으로 만지는 키보드를 변기와 비교한다는 생각조차 하지 못했을 것이다. 심지어 집에서 개인적으로 사용하는 키보드의 위생에도 문제가 많다는 사실이 밝혀져 사람들은 충격을 받았다.

이 기사가 보도된 후, 가장 먼저 타격을 입을 수 있는 곳은 당연히 PC방이었다. 불특정 다수가 사용하는 PC방 키보드는 더 심각한 위생 문제를 안고 있을 거라고 생각될 수밖에 없다. 특히, PC방에서는 음식을 판매하기 때문에 PC방 키보드가 많은 세균의 서식지가 될 거라는 사실을 누구도 부정할 수 없었다. 자연히 위생과 청결에 더 예민한 여성들이 PC방을 꺼리는 경향을 보이기 시작했다.

PC방 업계의 타격은 컸다. 불특정 다수가 만지는 키보드의 위생에 대한 경종이 울렸으니, 이제 나름대로 대책을 마련해야만 했다.

사실 이 보도가 충격으로 다가오긴 했어도, 정직하게 관리하는 PC방에서는 크게 긴장할 필요가 없었다. 청소라는 기본만 잘 지키면 되는 문제였으니 말이다. 남이 알아주든 알아주지 않든 자체적으로 키보드 위생을 지키기 위해 열심히 청소하고, 그것을 당당하게 손님들에게 밝힌다면 신뢰를 쌓아갈 수 있지 않을까.

문제는 그 청결이 눈에 보이지 않다는 것이다. 아무리 정직하고 철저하게 청소를 해도, 세균이 없다는 사실을 확인시켜 줄 수 없다. 이런 이유로, 청소를 게을리하는 PC방도 존재한다. 특히 아르바이트생들이 키보드를 닦을 때는 형식적으로 대충 닦는 경우가 비일비재하다. 심지어 하나의 걸레로 모든 키보드를 닦는 경우도 꽤 많다. 이렇게 청소하면 세균이 제거되는 것이 아니라 오히려 더 많은 세균을 배양해주는 꼴이 된다. 심각한 경우에는 키보드가 아닌 다른 것을 닦던 걸레를 그대로 써서 위생 상태를 더욱 악화시킨다.

모든 PC방이 그런 것은 아니다. 부디 이런 사례가 일부 PC방의 문제이기를 간절히 바랄 뿐이다. 주인 의식을 가진 정직한 점주와 아르바이트생들이 열심히 관리하는 곳도 많다고 믿고 싶다. 하지만 그렇지 않은 곳 역시 존재하고, 그런 곳에 내 손이 닿고 그 손으로 무언가를 먹을 수도 있기에 문제가 심각해진다.

더 중요한 사실은 아무리 철저히 키보드를 청소해도, 세균이 완전히 사라질 수는 없다는 점이다. 걸레를 수시로 빨아도 불가능하다. 최근에는 키보드 위생에 예민한 손님들을 위해 물티슈를 비치해두는 곳도 늘었다. 이런 방침은 좋은 모습이라고 생각한다. 손님 입장에서는 스스로 닦아야 더 안심이 될 테니 말이다. 하지만 물티슈가 세균 박멸에 어느 정도 도움이 되는지는 알 수 없는 노릇이다. 그저 남들이 만진 손자국 정도 닦아낼 수 있는 정도는 아닐까.

그만큼 PC방 점주는 이에 대한 자구책을 모색해야 한다. 부록에서 다루겠지만 어떤 프랜차이즈에서는 자체적으로 청소할 수 있는 별도의 살균 데스크와 살균 헤드셋 박스를 개발하기도 했다. 이러한 투자가 이어져야 PC방에 대한 인식도 개선될 수 있다.

마케팅을 잘해야
손님들과 가까워진다

손님에 따라
마케팅 방법도 다르다

마케팅은 대상에 따라 다르게 진행된다. 여기서 말하는 대상은 크게 두 부류로 나뉘는데, 신규 고객과 기존 고객이다. 간혹 PC방을 막 창업한 상황에서, 신규 고객 유치를 위해 마케팅에만 집중하는 경우가 있는데, 점주는 동시에 재방문율을 높이기 위한 마케팅에도 힘써야 한다. 아직 초기 단계니 전자에 신경 쓰기도 버겁다고 할지 모르지만, 한 번 온 손님을 완전히 사로잡지 않으면 다른 PC방에 빼앗기는 것은 시간문제다. 단순히 서비스만 잘해 준다고 해서 되는 것이 아니라 손님에게 맞는 전략을 구사해야 한다.

이제 신규 고객 유치와 기존 고객의 재방문이라는 두 가지 차원에서 마케팅에 대해 살펴볼 것이다.

① 신규 고객을 유치하기 위한 마케팅

PC방 홍보에서 가장 우선되어야 할 것은 전단지다. 가장 일반적이고 누구나 다 아는 이야기다. 하지만 '요즘도 전단지가 먹힐까?' 하는 생각 때문에, 혹은 전단지 아르바이트생을 쓰기 싫다는 생각 때문에 전단지를 배제하는 경우도 있다. 그래서 반드시 이 부분을 짚고 넘어가야 한다.

사실 전단지 홍보가 비효율적이라고 느껴질 수 있다. 곳곳에 서 있는 전단지 아르바이트생들의 손을 뿌리치는 사람들, 전단지를 받자마자 구겨서 버리는 사람들, 관심 있는 척 보다가 멀찌감치 가서 슬쩍 버리는 사람들을 흔히 볼 수 있기 때문이다.

그럼에도 전단지 홍보를 하지 않으면 창업한 PC방을 알릴 길이 없다. PC방이 1층에 있는 경우는 드물어서 관심 있게 주변을 두리번거리지 않는 이상 사람들이 알 수가 없다. 실제로 새로 생긴 PC방의 경우 누군가 알려주지 않으면 사람들은 모른다. 1층이면 모를까, 2층부터는 반드시 정보를 제공해야 한다.

따라서 수고스럽고 비용 부분이 있다고 해도, 반드시 조기에는 전단지를 돌려야 한다. 아무리 SNS가 핵심 홍보 수단으로 급부상했다지만, 길거리에서 직접 정보를 주는 이 과정을 놓쳐서는 안 된다. 전단지가 당장 손님들을 끌어오지는 못할 수 있지만, 지금 전달한 정보가 언젠가 그 사람에게 유용할 수 있음을 기억하자.

SNS 홍보나 프로모션 형태의 이벤트도 필요하다. 최근 가장 많이 활용되는 것은 페이스북, 트위터, 블로그, 유튜브다. 전단지의 지면을 통해 전달할 수 없는 자세한 정보와 장점들이 여기에 들어가야 한다. 단, SNS의 특성상 너무 길면 안 된다. 핵심적인 정보를 중심으로 한눈에 들어오도록 제시해야 한다. 온라인 마케팅은 큰 비용이 들지 않고 불특정 다수를 겨냥한 것이기에 예상하지 못한 손님들을 확보할 수도 있다.

SNS를 활용하려면 지속적인 관리가 필요하다. 한 번만 게시물을 업데이트하는데 그칠 것이 아니라 댓글 등의 반응이 있을 때 친절하게 답변하는 등 성의를 보여줘야 한다. 질문이 들어오면 최대한 빨리 답해주어 호감도를 높여야 한다.

중요한 것은 이 역시 결국은 전단지의 도움을 받아야 한다는 사실이다. 전단지를 통해 이벤트의 내용이 제공되고, SNS로 찾아가는 데 필요한 정보 역시 전단지를 통해야 하기 때문이다. 적어도 우리 동네에 어떤 PC방이 생겼는지는 알아야 찾아보기라도 하지 않겠는가.

② 기존 고객을 단골 고객으로 만드는 마케팅

기존 고객의 재방문율을 높이고 충성도 높은 고객으로 끌어오려면, 계속 올 수밖에 없게 만드는 장치를 제공해야 한다. 이러한 지속성은 단순히 PC방을 좋고 우수하게 만든다고 되지 않는다. '좋아서' 오게 하는 것도 중요하지만, '어쩔 수 없이' 오게 하는 것이 더 중요하다. 그런 차원에서 많이 시행하는 것이 VIP 카드 형태의 멤버십이다. 이 카드를 발행할 경우, 마일리지 적립 등 여러 혜택을 받기 때문에 특별히 마음에 들지 않는 부분이 없다면 계속해서 찾게 된다. 또한, 카드 발급은 일종의 소속감을 주기 때문에 자신을 PC방의 회원, 멤버십으로 인식하게 만들어준다.

카드 대신 스탬프 방식을 활용할 수도 있다. 비용 문제로 카드 발급이 어려운 경우라면, 스탬프 적립으로 혜택을 제공하는 것도 좋은 대안이다.

기존 고객을 대상으로 기념일에 카드를 발송하거나 새로운 게임 홍보를 하는 등 매장 이벤트를 알리는 일에도 힘써야 한다. 이런 것이 지속된다면 손님들은 관리받고 있다는 느낌, 손님으로서 관심받고 있다는 느낌을 받게 되어 자연스럽게 재방문으로 이어진다.

매출을 올리기 위한
마케팅 전략을 세우라

① 매출 증대를 위해 고민할 사항

매출이 떨어지기 시작할 때, 혹은 매출을 더 끌어올리거나 높아진 매출을 유지하고자 할 때, 새롭게 마케팅 전략을 세워야 한다. 이런 전략은 크게 두 가지로 나뉘는데, 하나는 '밖을 보는 것'이고 다른 하나는 '안을 보는 것'이다.

밖을 보는 것은 벤치마킹이다. 장사가 잘 되는 경쟁 점포를 분석하여 그들의 장점과 자신의 문제점을 정확하게 분석해야 한다. 잘나가는 경쟁 점포의 콘텐츠나 고객층은 물론, 홍보 방법이나 서비스에 대해서도 살펴야 한다.

안을 보는 것은 내부 점검이다. 여기서 우선시 되어야 할 것이 아르바이트생의 서비스 능력이다. 손님과 가장 밀접하게 접촉하기 때문에 그들이 얼마나 손님들을 만족시키는지를 늘 점검해야 한다. 서비스 능력은 물론, PC 운영 능력이나 게임 콘텐츠에 대한 이해 및 사용법 등에 대해 점검해야 한다.

② 실질적인 마케팅 내용

매출 증대를 위한 실질적인 방법은 이벤트나 할인 및 포인트 마케팅을 하는 것이다. 그밖에 POP를 통해 점포의 안내 표시, 가격 표시, 이벤트 내용을 전달할 수 있다.

이벤트 중 대표적인 것이 게임 대회다. 이것은 일시적이지만 파급 효과가 크고, 새로운 손님을 확보하는 데에도 도움이 된다. 다만, 첫 대회 이후 지속해서 게임 대회를 개최할 수 있는 여건을 만들어야 한다.

대회만이 아니라 소액 할인, 경품 증정, 할인쿠폰, 포인트 적립 같은 이벤트도 활용할 필요가 있다. 특히, 단골손님들에게 이용 금액이나 이용 횟수 등에 따라 보상을 해줌으로써 단골층을 두텁게 만들면 매출도 자연히 오르게 된다.

06

개업 후 고객 관리에
신경 쓰라

손님들의 예민함에
반응하라

        손님은 매우 예민한 존재다. 부정적인 면에서 예민하다는 것이 아니라 세세한 부분까지 느낄 수 있다는 점에서 예민하다. 창업을 했다면 그만큼 세심한 관리가 수반되어야 예민한 손님들을 만족시킬 수 있다. 가령, 에어컨에 문제가 생겼을 때 바로 고치지 않고 한동안 방치해둔다고 해보자. 손님들이 떠나가는 것은 시간문제다. 급한 일이 있어 잠시 미루었다고 해도 변명의 소지가 되지 못한다. 손님들은 변명을 들을 이유도 없이 그저 다른 시원한 곳을 찾을 뿐이다. 그만큼 관리가 중요하고, 개업 전에 신경 썼던 것 그 이상으로 지속적인 관리에 들어가야 한다. 작은 관리 하나가 손님을 붙잡는 요인이 된다.

        이를 위해 유의해야 할 사항들을 정리하면 다음과 같다.

구분	유의사항
마케팅 전략 (홍보, 광고)	손님에게 매장 이벤트, PC 사양, 다양한 먹거리를 집중적으로 홍보한다.
	다중 매체를 이용한 광고 마케팅을 계획한다. (전단지, 쿠폰북, 인터넷, SNS 등)
	목표 고객층에 맞는 게임 콘텐츠를 적극적으로 홍보하고 추천한다.

76

점포 운영	청결하고 깨끗한 분위기의 점포를 운영한다.
	신속한 주문 서비스를 손님에게 제공한다.
고객 만족 서비스	목표 고객에게 맞는 서비스를 선정하고 지속해서 개발한다.
	손님이 점포 내에서 간편하게 식사할 수 있는 공간을 마련한다.
	좁은 화장실이라도 손님이 불편하지 않도록 동선을 배치한다.
아르바이트생 관리	PC방은 24시간 운영되므로 아르바이트생을 효과적으로 채용한다.
	아르바이트생의 마인드는 손님에게 새로운 서비스 가치를 제공하기 때문에, 아르바이트생의 역량 계발에도 힘써야 한다.

사후 관리 제도를 확립하라

어떤 프랜차이즈의 경우, 초창기에 세팅된 교육을 숙달하지 못한 점주에 대해서는 반드시 재교육을 시행한다. 여기에는 어떤 예외도 없다. 그런 상황에서 가맹점과 마찰이 생길지 모르나 최대한 대화를 통해 점주들과 함께 좋은 결과를 맞이하도록 노력한다.

앞에서도 잠시 언급한 것처럼, 특히 손님인 척 가장하여 점검하기도 한다. 누군가는 야박하다고 할지 모르지만, 보이기식의 관리가 아니라 실질적이고 정직한 관리를 하자는 차원에서 이런 방법도 도입하고 있다.

4

개인 창업이냐,
프랜차이즈 창업이냐,
그것이 문제로다

개인 창업 vs 프랜차이즈 창업,
선택은 자유다

개인으로 PC방을 창업할지 프랜차이즈로 창업할지, 이것은 모든 창업주가 부딪혀야 할 첫 번째 관문이다. 그런데 이 두 가지 선택지는 결국 동전의 양면과도 같다. 프랜차이즈 PC방의 장점을 선택하면 개인 창업에서 확보될 수 있는 장점을 놓치게 되고, 개인 창업의 장점을 선택하면 프랜차이즈 PC방 창업의 장점을 놓치게 된다.

결국, 무엇을 선택하든 창업자 자신에게 달렸다. 법적 근거를 포함해서 스스로 잘 관리할 수 있고, 어떤 일을 주도적으로 이끌어나가는 것에 적합한 창업자라면 굳이 프랜차이즈에 기댈 필요 없이 개인 창업을 하는 것이 유리하다. 누군가가 프랜차이즈로 창업하라고 설득해도 흔들릴 필요 없다. 반면, 스스로 완벽한 관리가 어렵고 허가 기준을 비롯한 제반 사항을 결정하는 데 부족한 면이 있다고 판단되면 투자를 하더라도 프랜차이즈의 도움을 받는 것이 좋다.

필자는 프랜차이즈 관련자이지만, 무조건 프랜차이즈 창업이 좋다고 말하지 않는다. 실제로 개인 창업으로 성공한 PC방 창업주들도 많다. 데이터가 있으니 그것을 부인해선 안 된다. 이 책을 쓰는 목적 중 하나도 개인 창업자들에게 도움을 주기 위해서다. 이 책 한 권을 읽고 PC방 창업 및 운영 정보를 얻기를 간절히 바라고 있는 것이다.

이 파트에서 말하고 싶은 것은 분명한 판단 기준 없이 휘둘리지 말자는 것이다. 다양한 판단을 통해 개인 창업에 적합하다고 확신한다면 단호하게 선택하길 바란다. 프랜차이즈가 맞다고 판단되면 투자를 감수해서라도 프랜차이즈를 선택하길 바란다. 물론, 자신을 제대로 이끌어줄 수 있는 곳을 잘 선택해야 할 것이다.

PC방 개인(독립) 창업의 장점

개인 창업과 프랜차이즈 창업 사이에서 고민하는 가장 큰 요인은 '비용'이다. '초기에 투자를 더 할 것인가', '초기에 비용을 절감할 것인가'부터 시작하여 '높은 수익을 위해 지속해서 투자할 것인가', '아낄 수 있는 비용은 최대한 아껴서 이윤을 더 남길 것인가'의 문제까지 끝없이 갈등하게 된다.

개인 창업에서 가장 먼저 살펴볼 수 있는 장점 역시 '비용'과 관련된다. 개인 창업은 비용을 절감할 수 있다. 프랜차이즈의 도움을 받지 않는 만큼 당연히 비용이 절감된다. 여기서 절감되는 비용은 크게 두 가지 차원으로 살펴볼 수 있는데, 초기 비용과 관리 비용이다.

첫째, 초기 비용 절감은 점포를 열 때, PC 및 인테리어 비용을 줄이면서 발생한다. PC 구매 비용 및 설치 방법에 따른 차이는 개인 창업과 프랜차이즈 창업을 선택하는 데 있어 가장 중요하게 고려되는 부분이기도 하다. 개인 창업을 택할 경우, 프랜차이즈 창업에서처럼 다소 비싼 가격의 PC와 인테리어 비용을 부담할 필요가 없다. 대신 두 가지 방식으로 PC를 구매하게 되는데, 하나는 창업자가 직접 구매하여 설치하는 것이고, 다른 하나는 대기업 PC를 구매하는 것이다. 창업자가 스스로 조립PC를 구매하면 완제품을 구매하는 것보다 저렴하게 PC를 설치할 수 있다. 반면, 대기업으로부터 구매하면 개인이 직접 알아보고 구매하는 것보다 비싸지만, OS를 포함한 완제품이기 때문에 별도의 설치 작업이 필요 없고, A/S도 일괄적으로 신속하게 받을 수 있다.

둘째, 관리 비용 절감은 창업한 이후 로열티를 내지 않기 때문에 발생한다. 프랜차이즈가 본사에 지불하는 비용만큼 자기 수입이 되는 것이다.

한편, 비용뿐만 아니라 경영 방식에도 장점이 있는데, 독자적으로 PC방을 운영할 수 있다는 점이다. 즉, 자율적 경영이 가능하다. 내가 하고 싶은 대로 하면 되는 것이 개인 사업이다. 이것은 비단 PC방만이 아니라 다른 모든 분야에서 동일하게 적용된다.

| 요점 정리 |
PC방 개인 창업의 장점

첫째, 창업 초기 비용을 줄일 수 있고, 이후 본사에 로열티를 내지
　　　 않아도 된다.
둘째, 자체적으로 조립 PC를 구매할 경우, 완제품을 구매하는 것보다
　　　 더 저렴하다.
셋째, 대기업 PC를 구매할 경우, OS를 포함한 완제품이기 때문에 별도의
　　　 설치 작업이 필요 없다. 단, PC 구매 비용은 상대적으로 비싸다.
넷째, 자율 경영이 가능하다.

PC방 개인(독립) 창업의
단점

개인 창업의 최고 장점은 비용 절감이다. 그런데 역으로 생각해보자. 프랜차이즈 창업을 하는 사람들은 왜 비싼 비용을 투자하면서까지 프랜차이즈의 문을 두드리는 걸까? 투자하는 만큼의 이득이 있기 때문이다. 그 이득은 개인 창업자들이 얻을 수 없는 것이다(이에 대한 자세한 내용은 바로 뒤에 이어질 '프랜차이즈의 장점'에서 상세히 다루겠다).

개인 창업자는 비용을 절감하는 대신 전문적인 관리를 받지 못한다. PC방 창업과 운영에서 말하는 '관리'란 단순히 편하기 위해 받는 것이 아니다. 목욕탕에서 힘든 게 싫어서 세신사를 부르는 것과는 전혀 다른 차원이라는 말이다. 개인 창업을 하면 위험부담 또한 매우 크다. 그래서 굳이 돈을 더 내면서까지 프랜차이즈에 기대는 것이다.

창업에서 정답은 없다. 누구든 잘만 하면 도움 없이 창업하고 운영해서 대박을 칠 수 있다. 그러나 전문가들도 고군분투해야 하는 상황에서, 전문가가 아닌 개인이 PC방을 창업하는 것은 만만치 않은 일이다. 예상치 못한 문제 앞에서 당황하기도 쉽다. 그런 당황이 실수로 이어지고 그 실수가 축적되면 실패에 이르게 된다. 그만큼 혼자 하면 편하고 돈도 적게 들지만, 독자적으로 경영하는 과정에서 발생한 문제에 대처하기는 쉽지 않다.

예상치 못한 난감한 상황에서, 누군가의 도움도 받지 못한 채 스스로 결정하고 해결해야 한다. 그에 따른 책임은 오롯이 자신에게 돌

아오기 때문에 그런 정신적 스트레스는 이루 말할 수 없다. 그래서 초보 창업자들은 자신만의 상호를 내거는 것을 포기하고 프랜차이즈를 통해 안정성을 확보하려는 것이다.

PC 설치와 관리에 있어서도 어려운 점이 있다. 앞서 PC 설치와 관련된 장점을 소개했지만, 동전의 양면처럼 단점 역시 뒤따른다. 일단 대기업 제품 구매 시, PC 구매 비용과 A/S 비용이 비싸다. 대기업은 신속하게 A/S를 해주는 것이 장점이지만, 그런 장점을 누리기 위한 비용이 들기 마련이다. 반면, 이 비용을 줄이기 위해 대기업 제품을 구매하지 않을 경우, 비용은 절감되지만 혼자서 모든 것을 다 해결해야만 한다. 설치는 물론 고장 역시 직접 고쳐야 한다. 창업주가 PC 전문가가 아니라면 사실상 불가능한 방식이다. PC방의 기초이자 기본이라고 할 수 있는 설치와 관리에서부터 균열이 생기니 결코 사업을 유지할 수 없다.

기본적인 PC 설치 외에도, 점포 선정이나 푸드 관리 같은 제반 문제를 혼자 결정하고 준비해야 한다는 점도 어려움이다. 급변하는 시대 속에서 트렌드를 빠르게 파악하지 않는다면 금세 도태되기 쉽다.

| 요점 정리 |
PC방 개인 창업의 단점

첫째, 프랜차이즈보다 실패할 위험이 크다.

둘째, 경영하는 과정에서 문제가 발생했을 때, 스스로 결정하고 해결하며 책임져야 한다.

셋째, 대기업 제품을 구매할 경우, PC 구매 비용이나 A/S 비용이 비싸다. 반대로, 대기업 제품을 구매하지 않을 경우, 구매, 설치, A/S 등 모든 부분에서 어려움을 겪을 수 있다.

넷째, 창업주가 관련 지식을 갖추지 않으면 운영에 어려움이 뒤따른다.

다섯째, 급변하는 트렌드 속에서 도태되기 쉽다(정보의 부재 등).

PC방 프랜차이즈 창업의
장점

프랜차이즈 창업의 장점을 알려면 개인 창업의 단점을 역으로 떠올리면 된다. 즉, 앞에서 다룬 내용과 반대라고 보면 된다.

프랜차이즈는 개인 창업보다 실패 가능성이 상대적으로 낮다. 본사가 채워줄 수 있는 부분이 많기 때문이다. 전문가들과 본사로부터 그야말로 안정된 지원을 받을 수가 있다. 실패의 지름길이 될 수도 있는 시행착오를 줄일 수도 있다. 물론 개인 창업의 경우, 시행착오를 겪으면서 그 안에서 성장의 발판을 마련하기도 하지만, 프랜차이즈는 그런 과정을 뛰어넘은 채 바로 성장하기 때문에 매우 유리한 입장이다. 굳이 할 필요 없는 실수를 하지 않게 해 주는 것이다.

프랜차이즈 본사는 확률에 강하다. 무엇을 해야 확률적으로 승산이 있는지, 무엇을 하면 손해 보기 쉬운지를 잘 알고 있다. 수많은 경험에 집약된 통계이기 때문이다. 여기에 노하우까지 쌓여있으니 프랜차이즈 창업을 시작하면서 그런 경험에서 나온 살아있는 정보를 자기 것으로 바로 얻어낼 수 있다. 개인 창업자들이 홀로 쌓은 몇 년의 경험보다 더 의미 있는 정보와 경험이 주어진다고 봐도 무리가 없다. 가령, 인테리어만 해도 프랜차이즈는 남다르다. 오랜 기간 수정보완해서 상위 클래스로 올라온 상태이기 때문에 개인의 감각에 의존하는 것과는 차원이 다르다.

가장 중요한 입지 선정부터 지원받는 것 또한 장점이다. PC방의 성공 여부는 점포 위치에서 결정된다고 해도 과언이 아니다. 그만큼 점포 위치가 중요하다. 개인은 자기가 아는 동네를 선택하거나 발품을 팔아야 한다. 물론 운이 좋아 좋은 곳을 차지하기도 하지만 개인적인 생각만으로 좋은 입지를 확보하는 것은 꽤 어렵다. 사업을 운에 맡길 순 없지 않은가. 프랜차이즈의 경우 전문 직원이 다니면서 부동산과 연계하여 준비하기 때문에 첫 출발부터 차이가 크다. 고품격의 세련된 인테리어를 그대로 가지고 올 수 있고, 푸드 메뉴 선정 및 관리, 게임 업그레이드 등에 있어서도 안전하고 편리하게 준비할 수 있다는 점이 프랜차이즈의 장점으로 꼽힌다.

전기 안전과 소방 검사에 부합하지 않는 인테리어 자재 사용, 지상층과 무창층의 미설치와 지하층의 스프링클러 미설치, 화재보험 미가입, PC방 창업 후 운영에 필요한 충분 전기용량 그리고 업주의 성범죄 이력 조회 여부 등은 PC방을 창업할 때 꼭 해야 하는 행정 업무다. 이 모든 것을 개인이 준비하려면 많은 시간과 노력이 들어간다. 반면, 프랜차이즈를 거치면 투자 대비 효율성을 높일 수 있다.

게임 시장 변화를 가장 먼저 알 수 있는 곳은 프랜차이즈 본사다. 2018년에는 배틀 그라운드가 대세였는데, 사실 이것은 본래 PC방 사양으로 할 수 있는 게임이 아니었다. 게임의 유행을 예상한 본사에서 16기가 램이 필요하다고 제시함으로써 지금처럼 각 PC방에서 구비하여 게임 수요를 감당할 수 있게 된 것이다. 그 밖에도 본사를 중심으로 업그레이드가 이루어져 더 많은 손님을 확보한 사례도 많다.

지속적이고 체계적인 경영 지도와 지원 역시 중요한 자산이다. 프랜차이즈 본사는 각 지점의 매출 관리만 하는 것이 아니라 위기 발생 시 해결책까지 제시한다. 그것도 지점별로 맞춤형 도움을 제공한다. 가령, 매출이 떨어지면 알아서 처리하라고 방관하지 않고, 본사 차원에서 대응한다. 매출 요인이 떨어지는 상황을 객관적으로 판단하여 적합한 대응책을 제시하는 것이다.

| 요점 정리 |

PC방 프랜차이즈 창업의 장점

첫째, 본사의 오랜 경험과 전문성의 도움으로 시행착오와 실패 위험이
줄어든다.

둘째, 입지 선정, PC 설치, 인테리어 시공 등에서 성공적인 출발을
할 수가 있다.

셋째, 성공과 실패에 대한 확률을 객관적인 수치로 검증할 수 있다.

넷째, 지속적이고 체계적인 경영 지도와 지원, 관리를 받을 수 있다.
(위기 상황에서 대처가 수월해짐)

다섯째, 트렌드에 맞는 변화를 자연스럽게 시도할 수 있다(게임, 푸드 등).

PC방 프랜차이즈 창업의
단점

프랜차이즈를 통해 PC방을 창업할 경우, 개인 창업보다 2천만 원에서 3천만 원 정도가 더 든다. 규모에 따라 20~30% 정도 더 비쌀 수도 있다. 결국, 프랜차이즈의 최대 단점은 비용 문제다. 모든 것을 준비해주고 책임져주는 만큼 창업 비용이 추가로 들게 된다. 개인은 PC 부품을 직접 구매하고 조립과 설치를 해야 하는데, 수많은 컴퓨터를 직접 하거나 조립 업체에 맡길 경우, 설치 및 마감 수준이 떨어질 수 있다. 그에 비해 프랜차이즈는 자기 이름을 걸고 하기 때문에 완벽하게 설치해준다. 높은 비용은 그러한 수고의 대가다.

자율적으로 경영하지 못하는 것도 스트레스 요소가 된다. 기반이 탄탄한 프랜차이즈와 함께하게 되면 지속적으로 관리와 점검을 받게 되는데, 어떤 창업주에게는 그런 과정들이 귀찮고 거슬리는 일일 수 있다. 프랜차이즈 본사에서는 가맹점의 성공과 매출 증가를 위해 매우 세심하게 관리하고, 각 프랜차이즈만의 원칙도 따라야만 한다. 물론 그것은 결국 손님을 위한 일이고 가맹점의 성공을 위한 일이지만, 그럼에도 사람이 하는 일이기에 어려움과 스트레스로 다가올 수 있다.

가장 큰 단점은 믿을만한 프랜차이즈가 아니면 망하는 것도 시간 문제라는 사실이다. 사실상 초보 창업자는 어떤 프랜차이즈를 믿어야 할지 판단하기 어렵다. 기준이 없는 데다 저마다 화려한 영업술로 유인하기 때문이다. 일단 믿고 맡기면 다 될 거라 생각하고 원하는 비용을 투자하고 곧 나타날 효과를 기대한다. 하지만 옥석을 제대로 가리지 못하여 바로 망한 사례가 비일비재하다. 사업 모델 자체에 경쟁력이 없거나 전문성을 갖지 못한 곳, 인프라나 운영자금이 부실한 곳은 무조건 피해야 하는데, 그걸 알아내는 것이 쉽지 않아서 더 문제다.

피해 사례가 많다 보니, 프랜차이즈를 끼고 창업하는 것을 무조건 반대하는 사람들도 있다. 그런 말이 나오는 것은 그만큼 믿지 못할 본사가 많이 존재한다는 의미이기도 하다. 옥석을 가리기 위한 방법은 파트 5와 파트 6에서 자세히 다루도록 하겠다. 어쨌든 부실 프랜차이즈 본사들은 자기 약점을 굳이 드러내지 않는데, 문제의 근원인 그 약점을 미리 아는 방법을 공유할 것이다. 프랜차이즈들이 어떻게 약점을 감추고, 어떤 식으로 위장하여 현혹하는지를 알면 조금 명확한 기준을 가지고 선택할 수 있을 것이다.

그 밖에도 개인으로 PC방을 창업할 때 가질 수 있는 장점들은 프랜차이즈 PC방 창업의 단점이 된다.

| 요점 정리 |

PC방 프랜차이즈 창업의 단점

첫째, 로열티 등 창업 비용이 상대적으로 높다.
둘째, 독자적이고 자율적으로 경영할 수 없다.
셋째, 부실 프랜차이즈를 가려내지 못하면 성공할 수 없다.

5

이런
프랜차이즈와
협력하라

이런 프랜차이즈와 협력하라

갑이 아니라 든든한 파트너를 찾아라

개인 창업과 프랜차이즈 창업의 차이를 파트 4에서 다루었다. 그중 프랜차이즈 창업의 장점을 한마디로 요약하면 '집약된 노하우로 모든 걸 해준다'는 것이었다. 여기에 뒤따르는 가장 단점은 '비용'이었다. 즉, 비용을 투자해야만 프랜차이즈 창업의 혜택을 누릴 수 있다.

이렇게 높은 비용을 들이면서까지 프랜차이즈 창업을 하기로 결정했다면, 좋은 프랜차이즈를 고를 수 있어야 한다. 따라서 파트 5에서는 프랜차이즈 창업을 결정한 사람이 어떤 프랜차이즈를 골라야 할지 설명할 것이다.

좋은 선택이란, 영업원의 감언이설에 넘어가지 않고 객관적인 기준에 따라 판단하는 것이다. 따라서 우수 프랜차이즈를 선별하는 꿀팁을 미리 알고 있어야 한다. 적어도 다양한 프랜차이즈 관계자와 만나기 전에, 대비하고 있어야 한다는 말이다. 이와 같은 사전 준비가 철저히 수반되었을 때 잘못된 선택을 막을 수 있다.

좋은 선택은 사업의 성공만이 아니라 든든한 파트너와 함께 즐거운 마음으로 PC방을 운영할 수 있는 비결이다. 언제든 나의 성공을 도와주고 뒷받침해줄 파트너가 있다는 것은 얼마나 든든한 일인가. 물론 "든든한 파트너가 되어드리겠습니다."라는 말은 어느 본사나 다 하는 형식적인 이야기다. 따라서 정말로 나의 지원군이 되어줄지는 내 판단에 달려있다. 앞으로 다룰 내용을 숙지한다면, 적어도 믿을만한 파트너를 선택하는 데에 있어 한층 유리해질 것이다.

본사 대표의 경력과
경영 철학을 확인하라

PC방과 PC 경험이 있는
대표를 찾아라

PC방 점주는 PC에 대해 몰라도 된다. 그래서 부담 없이 시작할 수 있는 분야가 PC방이다. 하지만 점주와 달리 프랜차이즈 본사의 대표는 PC를 잘 알아야 한다. 단순히 아는 게 아니라 전문가 수준이어야만 한다. 이론에만 빠삭한 수준을 넘어 경험적으로도 풍성한 지식을 가지고 있어야 진짜 전문가라고 할 수 있다.

따라서 프랜차이즈의 대표가 PC 및 PC방과 관련된 어떤 경험을 축적해왔는지 봐야 한다. 가령, 경험 많은 대표는 공간 구성부터 고객을 중심으로 생각할 줄 안다. 동선을 어떻게 잡아야 하고, 어떤 가구를 써야 할지 등 오랜 경험이 녹아들어 고객 중심의 PC방 프랜차이즈를 만들게 해준다.

PC 관련 트렌드는 급격하게 변하는 만큼, 그 흐름을 좇을 수 있는지도 확인해야 한다. 얼떨결에 PC방 프랜차이즈를 개설한 대표, 돈이 되니까 PC방 프랜차이즈를 시작한 대표와 손잡는다면 시대의 풍랑을 이겨낼 수 없다. 아무리 그 아래에 PC 관련 경력자와 전문가들이 줄지어있어도 최종 결정은 결국 대표의 몫이기에, PC방에 적합하지 않은 대표는 좋은 결정과 계획을 세우기 어렵다. 그만큼 PC방 업계를 전반적으로 볼 안목이 있고, 기술적으로도 아우를 수 있는 대표를 선택해야 한다. 그래서 대표의 경력을 반드시 확인해야 하는 것이다.

철학이 있는 대표,
가치관이 바로 선 대표를 찾아라

경력만큼 중요한 것이 가치관이다. 바른 가치관을 가진 대표인지를 확인해야 한다. 어차피 사업이니 돈만 잘 벌게 해주는 사람을 만나면 되는 게 아니냐고 생각할지 모른다. 그러나 현재의 이익만 추구하는 대표는 멀리해야 한다. 그런 사람은 오래가지 못한다. 조금이라도 정직하지 못한 모습이 있다면 반드시 어디에선가 삐걱대게 되어있고, 나 역시 피해자가 될 수밖에 없다.

또한, 분명한 경영 철학이 있어야 한다. 자신만의 경영 철학 없이 그냥 장사하듯 사업하는 대표라면 그 프랜차이즈를 건강하게 지속적으로 운영할 수 없다. 적어도 왜 이 일을 시작했는지, 왜 PC방을 선택했는지에 대한 뚜렷한 생각이 있어야 한다. 간혹 경영 철학 같은 게 왜 필요하냐고 생각하는 사람이 있을 수 있다. 사실, 경영 철학이 무엇인지 모르는 사람도 있을 것이다. 만약 그런 생각을 하는 대표라면 그가 운영하는 프랜차이즈는 과감하게 포기해야 한다. 이것은 가맹점에 대한 마인드 자체가 없음을 의미한다. 자기 돈벌이를 위해 일하니, 가맹점주를 위해 일할 이유도 없다. 그런 대표에게 가맹점은 그저 자기 배 불리기 위한 도구에 지나지 않는다.

일본 OGM컨설팅의 사카키 회장은 "본사는 프랜차이즈의 가맹점이 자신의 분신이라고 생각할 때에 가맹점을 개점해주어야 하는데, 미국처럼 돈을 받고 가맹점을 판매하면 문제가 발생한다."라고 지적했다. 이 말은 돈 버는 일에만 치중하며, 성공적인 창업에서 멀어지는 현실을 정확하게 지적해준다. 실제로 가치보다 돈을 우선시하는 자영업자나 프랜차이즈들이 주변에 너무나 많다.

성공적인 창업의 기본은 올바른 가치관과 경영 철학이다. 반드시 사람들을 행복하게 해준다는 목표가 전제되어야 오래가고 꾸준히 발전한다. 그러므로 이런 생각을 하는 대표를 찾아보자.

다 함께 행복해지는 꿈,
상생의 꿈을 가진 대표를 찾아라

돈을 버는 것은 창업의 결과일 뿐, 목적이 아니다. 사람들을 행복하게 해주려는 목적을 가지고 노력하면 돈은 결과로서 자연히 따라오게 되어있다. 그렇게 순환되어야 사업을 지속할 수 있다. PC방을 찾는 손님들에 대해 끊임없이 고민하는 사람, 그 손님들을 관리하는 가맹점들도 신경 쓰는 사람, 그래서 임직원, 가맹점, 협력사, 손님 모두가 행복하기를 꿈꾸는 사람을 찾아야 한다. 이런 요소가 경영 철학에 담겨있는지 살펴야 한다.

물론 홈페이지나 인터뷰에서 한 말만 가지고 경영 철학을 알 수는 없다. 좋은 말과 글을 늘어놓는다고 해서 실제로 바른 가치관과 경영 철학을 가지고 있다고 확신할 수는 없다. 그렇다면 무엇으로 확인할 수 있는가? 얼마나 각 점포가 손님 중심으로 이루어지고 있는지를 보면 된다. 돈을 많이 남기도록 사업을 꾸려나가는지, 아니면 손님에게 유익하도록 위생, 청결, 안전을 신경 쓰는지를 직접 확인해보자. 그때 프랜차이즈의 실체를 알게 된다. 위생적인 부분에서 최대한 세심하게 신경을 쓴다면 적어도 돈이 아닌 손님을 위하는 곳이다. 반면, 손님을 위하는 프랜차이즈라고 광고하면서도 보이지 않는 위생과 청결을 소홀히 한다면 다른 부분에 대해서도 볼 필요도 없이 신뢰해선 안 된다.

특히, 손님을 위해 투자하는 본사는 가맹점 역시 가족처럼 생각하며 대할 것이다. 하나를 보면 열을 안다.

누구나 알 수 있는
1등 브랜드를 만든 경영진인가?

1등 해본 사람에게는
노하우가 있다

PC 관련 프랜차이즈 중에는 PC방 사업만 하는 곳이 있는가 하면, PC방 외에도 다양한 브랜드를 두고 프랜차이즈 사업을 진행하는 경우도 있다. 그중 다양한 업종의 프랜차이즈 브랜드를 시도하는 경영진이 있는 본사가 좋다.

창업자의 입장에서 반드시 확인해야 할 것은 '경영진이 병행하는 다른 브랜드가 그 분야에서 어느 정도 입지를 구축했는지'다. 만약 다양한 사업을 하는데 정작 성과가 미미하다면, 함께 운영하는 PC방 프랜차이즈 역시 신뢰하고 의지하기가 어렵다. 혹자는 업종이 다른 브랜드기 때문에 여기에서의 실패를 다른 브랜드와 연관 짓지 말라고 할지 모른다. 그러나 같은 경영진이 다양한 브랜드의 프랜차이즈 사업을 하고 있다면, 그 프랜차이즈 사업은 업종만 다를 뿐이지 같은 마인드와 같은 경영 철학 및 전략으로 이끌어진다고 볼 수 있다. 즉, 한 배를 탄 것이다. 그런 차원에서 브랜드에 대한 평가는 같은 경영진이 운영하는 다른 브랜드에 대한 평가와 직결될 수밖에 없다.

학교에서도 일반적으로 공부를 잘하는 학생은 전 과목을 두루두루 잘한다. 조금 약한 과목이 있을 수는 있지만, 우등생은 그런 약한 과목마저도 자신만의 공부법으로 극복한다. 최대한 좋은 점수가 나오게끔 더 많이 노력하기 때문이다.

반면, 어떤 과목은 잘하는데, 다른 과목에서는 부진한 학생들이 있다. 가령 국어와 영어는 잘하는데 수학과 과학에서는 낮은 점수를 받는 경우다. 이 학생을 '공부 잘하는 아이'라고 할 수 있을까? 아무리 국어, 영어 등 일부 과목을 잘한다고 해도 그 학생은 우등생으로 인정받지 못한다. 프랜차이즈도 마찬가지다. 경영진이 운영하는 브랜드 중 부진한 것이 있다면 그 프랜차이즈를 우수하다고 평가하기 어렵다. 잘하는 경영진은 전반적으로 다 잘한다. 1등 하는 브랜드를 두고 있으면 운영하는 다른 브랜드 역시 1등을 하고, 중간 순위를 기록하는 브랜드를 두고 있으면 운영하는 다른 브랜드 역시 중간 순위에 머문다. 당연히 부진한 브랜드를 두고 있으면 다른 브랜드도 부진을 면하기 어려울 것이다. 그러니 잘 보고 잘 선택해야 한다.

손님과 창업자들의
사랑을 받는 데에는 이유가 있다

누구나 아는 1등 브랜드인지 확인하는 것이 중요한 이유가 있다. 단순히 성적이 좋은 만큼 믿고 보자는 차원이 아니다. 다시 학교 성적과 연관해서 생각해보자. 어떤 학생이 여러 과목에서 1등을 하면서 우수한 성적을 기록했다면, 그 학생은 선생님과 다른 학생들로부터 인정을 받을 것이다. 그 인정은 1등을 하기까지의 노력에 대한 찬사이기도 하다. 머리가 좋아 공부하지 않아도 좋은 성적을 내는 특별한 경우를 제외하면 대부분 피나는 노력을 통해 좋은 성적을 낸다. 그리고 자신만의 특별한 공부법이 있기 때문에 그런 성적을 얻는 것이다(똑같은 수업을 들으면서도 다른 결과를 내는 것은 자신만의 노하우가 있기 때문이다). 따라서 선생님과 학생들로부터 정당하게 인정을 받을 수 있다.

프랜차이즈도 마찬가지다. 1등 브랜드를 만든 경영자가 왜 1등인지를 생각해봐야 한다. 1등이라는 것은 손님은 물론 창업자들로부터 사랑받았다는 말이다. 왜 손님들은 그 브랜드를 찾는 것일까? 왜 창업자들은 여러 프랜차이즈 중 그 브랜드를 선택한 것일까? 여러 면에서 신뢰할 수 있기 때문이다. 프랜차이즈라는 동일 사업군 안에서 '어떻게 하면 업종별로 1등 브랜드로 성장시킬 수 있는지'에 대한 방법을 해당 경영진은 알고 있다. 그만큼 가맹점이 성공하기까지 효율적으로 도울 수 있고, 그런 모습이 수반되기에 가맹점이 늘어나고 매출도 늘어나며 선순환되는 것이다. 이처럼 손님과 점주들에게 인정받은 브랜드라면 어떤 사업을 해도 성공하게 되어있다.

제1금융권에서
인정받은 브랜드인가?

어쩔 수 없이 받아야 하는 대출,
최대한 낮은 금리로

100% 자기자본으로 창업하는 사람은 거의 없다. 기본 자본에 대출 자금을 더하는 것이 일반적인 방법이다. 개인뿐만 아니라 기업 역시 마찬가지다. 하지만 같은 대출이라도 제1금융권에서 안정적인 저금리 대출을 받아야 한다. 제2금융권의 경우 대출 심사는 간편하지만, 높은 이자를 감수해야 한다. 현재 제2금융권에서 제시하는 표면금리는 7~10% 정도다(시중금리로는 15%에 달할 수 있다).

중소기업청 산하 소상공인지원센터(www.sbdc.or.kr) 같은 곳에서 경영지원자금을 받으려는 예비 창업자들이 있는데, 점포 개업 후에 받을 수 있는 지원금이라 준비 비용으로 활용하기는 어렵다. 그마저도 신용 상태가 좋아야 하며, 대출 한도도 3,000여만 원 정도에 그친다(간혹 5,000만 원까지 대출이 되기도 하지만 흔하지 않다).

근로복지공단에서 운영하는 장기 실업자 자영업 창업 지원도 있다. 3개월 이상 실업 상태에 있는 사람을 대상으로 대출을 진행하는 것으로, 1억 원 이내의 전세 매장을 공단이 임차(계약)하여 이를 대여하는 방식이기 때문에, 대출금을 자유롭게 활용할 수 없다. 따라서 프랜차이즈 창업을 하려면 반드시 제1금융권 대출이 가능한지 확인해야 한다.

PC방 창업, 신의 한수

제1금융권의 프랜차이즈론을 받고 있다면 무조건 신뢰하자

제1금융권 서비스 지원을 확인해야 하는 것은 단순히 이자가 적기 때문이 아니다. 이자도 중요하지만, 제1금융권 서비스를 보장하는 곳이라면 그만큼 신뢰할 수 있는 업체라는 사실이 더 중요하다.

대출받아본 사람들은 알겠지만 제1금융권의 대출 심사는 매우 까다롭다. 철저한 개인신용평가시스템(CSS)을 거친 이후 대출 적격 판정을 내리기 때문에, 심사가 복잡하고 대출 금액도 많지 않다.

특히, 사업을 시작해야 하는 상황에서 큰돈을 빌리기는 더욱 어렵다. 은행은 회수할 수 있는 돈만 빌려주려 하기 때문이다. 만약 제1금융권에서 대출이 가능하다고 판단했다면 해당 프랜차이즈는 그 까다로운 검증 절차를 통과했음을 의미한다.

여기서 주의할 점은 제1금융권 대출이라고 해서 다 같은 것은 아니라는 점이다. 제1금융권 대출은 지점 대출과 본점 대출로 나뉜다. 지점 대출은 개인 신용 대출이거나 개인 담보대출로, 지점장 권한이다. 반면, 본점 대출은 프랜차이즈론으로 경영 상태, 가맹점주 우호도, 가맹점 매출 등을 본사에서 철저히 심사하여 이루어진다. 심사 기간만 최소 6개월에서 최대 1년까지 걸릴 정도로 꼼꼼하게 이루어지고 있다.

까다로운 만큼 본점 대출 혜택은 지점과 비교할 수 없을 정도로 크다. 예를 들어 지점 대출의 경우에는 대출 사고가 나면 해당 지점에서 책임져야 하지만, 본점 프랜차이즈론은 브랜드를 보고 대출해준 것이기 때문에 지점을 통해 대출이 나갔더라도 본사에서 책임을 진다. 무엇보다 본점 대출은 대출 금액 자체가 크다. 한마디로 본점 대출은 아무 본사에나 적용되지 않는, 프랜차이즈 특화 상품인 것이다. 따라서 홈페이지에 제1금융권 대출이 가능하다고 적혀 있다고 해서 무조건 신뢰해서는 안 된다.

합리적인 투자가
가능한가?

투자해도 되는 곳에서 시작해야
남는 게 생긴다

프랜차이즈 창업을 통해 얻을 수 있는 이익은 많다. 하지만 그 이익만큼 투자해야 하는 비용도 많다. 그래서 창업을 시작할 때는 매우 신중하게 고민해야 한다. 투자를 해서라도 프랜차이즈로 창업할 것인지, 위험성을 고려해서 개인 창업을 할 것인지, 자신의 상황을 고려해서 다각도에서 살펴보고 결정해야 한다.

만약 프랜차이즈 창업을 하기로 마음을 먹었다면, 그다음부터는 한 가지를 분명한 목표로 삼아야 한다. 그 목표는 투자한 만큼 이득을 보자는 것이다. 즉, 빨리 투자금을 회수하고 플러스(+) 행진을 이어갈 수 있도록 해야 한다. 그런데 이러한 희망은 '열심히 하면 잘 되겠지.' 같은 각오만으로는 실현되지 않는다. 아무리 노력해도 프랜차이즈가 부실하면 이익을 남기기는커녕 마이너스(-) 행진만 이어가게 된다. 투자금 회수마저도 불투명한 상황이 올 수 있다.

무조건 열심히 하려는 의지나 잘 될 거라는 믿음이 아니라 합리적인 투자가 가능한 프랜차이즈를 찾아야 한다. 내가 아무리 집을 잘 꾸며도 애초부터 부실시공된 건물에 들어가면 안전하게 살 수 없다. 이처럼 내가 아무리 PC방을 잘 이끌어나간다 해도 부실한 프랜차이즈에 들어가면 돈이 계속 새는 꼴을 면하지 못한다.

투자금을 회수할 수 있는지
냉철하게 살펴라

프랜차이즈 창업에서 합리적인 투자를 결정하기 위해 먼저 살필 것은 '투자금 회수 여부'다. 인테리어나 간판 등 다양한 시설 비용으로 과도한 투자를 요구하는지 확인해야 한다. 당연한 이야기이겠지만, 이런 부분에 과도한 투자가 들어가면 그만큼 투자금 회수는 미뤄질 수밖에 없다. 즉, 투자금에 거품이 있는지를 확인해야 한다. 반면에 싸다고 무조건 좋은 것은 아니다. 창업비가 저렴한 것에는 분명 이유가 있다. 그럼에도 불구하고 합리적인 가격이 존재하는 것만은 분명하다.

투자할 가치가 있는지를 살펴라

전문 사진작가가 비싼 카메라를 구매하는 것은 사치가 아닌 투자다. 그 카메라를 통해 그 이상의 돈을 벌 수 있기 때문이다. 몸이 약한 사람이 건강을 위해 비싼 건강식을 먹는 것 역시 사치가 아닌 가치 있는 투자다. 몸이 회복되어 경제생활을 더 잘해나간다면, 그리고 병원비로 나가는 돈을 막을 수 있다면 건강식에 투자한 금액과는 견줄 수 없을 정도의 돈을 버는 셈이기 때문이다.

PC방 창업도 마찬가지다. 가격이 높다고 해도 가치 있는 투자라면 해야 한다. 그 투자는 몇 배에서 몇십 배의 이익으로 돌아올 테니 과감히 돈을 써야 한다. 무리한 투자, 쓸데없는 투자는 금물이지만, 투자할 만한 것에 돈을 들이는 것은 해야만 한다. 그것이 사업이다.

문제는 가치 유무를 구분하는 능력이 필요하다는 사실이다. 앞서 언급한 대로, 굳이 투자하지 않아도 되는 자재나 시설 비용을 터무

니없이 비싸게 부른다면 투자할 필요가 없다. 그러나 손님에게 특별한 서비스를 제공할 수 있는 차별화된 요소에 투자하는 거라면 기꺼이 감수해야 한다. 그것은 손해나 낭비가 아니다. 다시 찾을 손님들을 생각한다면 그것은 결국 장사라고 볼 수 있다.

손님들을 위한 투자라면 더더욱 아끼지 마라

투자할 만한 것을 잘 구분하는 것도 중요한 능력인데, 그것을 구분하는 결정적 Tip이 하나 있다. 바로 손님들을 위한 것인지를 살펴야한다. 손님의 안전과 손님의 편안함, 그리고 손님의 건강과 위생을 위한 것이라면 아끼지 말아야 한다.

가령 손님의 위생과 손님의 척추 건강, 전반적인 편안함 등을 고려하여 데스크나 의자를 마련하는 것은 투자할 가치가 있는 것이다. 적어도 손님들을 우선하는 사업을 한다면 다른 데서 아끼고 이 부분에 대해서는 인색하지 말아야 한다.

단, 손님들의 건강 및 편안함과 관계없이 외적인 부분이나 다른 요소 때문에 가격이 높다면 의문을 가져야 한다. 즉, 손님을 위한 투자인지 아닌지를 잘 판단할 수 있어야 한다.

투자는 행여 남는 것이 없어 보여도 잘 판단해서 과감히 해야 한다. 그런 정직함이 당장은 손해로 보일 수 있어도 궁극적으로는 이익을 남기기 때문이다. 손님들은 자신들을 위한 고민 하나하나에 분명하게 반응한다.

실제 매출 데이터를 반드시 확인하라

프랜차이즈 창업 시, 합리적으로 투자하려면 정확한 데이터를 참조해야 한다. 그것이 바로 매출 데이터다. 상권에 따라 달라지기도 하지만, 상권을 분석하여 지정해주는 것 자체가 프랜차이즈 본사의 일이기 때문에, 매출 상승의 요인은 결국 본사의 판단과 직결된다. 그 점을 신뢰할 수 있어야 한다.

특히 매출 데이터에서 집중해서 볼 것은 매출 증가율이다. 개업 때만 반짝 매출이 오르는 프랜차이즈는 아닌지, 지속적인 매출 증가율을 기록하는지를 봐야 한다. 곧 안정적인 운영결과가 데이터로 나와 있고 그것을 제시해주는 곳인지를 살펴야 한다(물론 매출 증가율이 둔화하는 곳은 데이터 자체를 보여주지 않을 것이다. 이런 곳은 의심해야 한다).

정보공개서를
등록한 본사인가?

프랜차이즈 정보공개서가 있는지를
확인하라

　프랜차이즈를 검토할 때, 반드시 확인해야 할 것 중 하나가 정보공개서다. 프랜차이즈 본사가 가맹 사업을 하려면 공정거래위원회에 정보공개서를 등록해야 한다. 정보공개서에는 그 회사의 위치, 매출, 재무 상황, 직영점 및 가맹점 현황 등이 나와있어서 기업의 전반적인 정보를 확인할 수 있다.

　정보공개서에서 어느 정도 규모를 확인할 수 있다면 기반을 잡고 안정성이 보장됨을 의미한다. 그만큼 예비 창업자 입장에서는 정보공개서가 매우 중요한 판단 기준인 셈이다.

　정보공개서에서 가장 주목해야 할 것은 로열티 정책, 가맹 해지 시 통보에 대한 부분, 위약금 등 다양한 분쟁 거리가 될 만한 부분이다. 최대한 창업자가 억울하게 피해를 보지 않도록 내용이 정리되어 있는지를 확인해야 한다.

　그만큼 이 문서가 중요한데, 만약 정보공개서 자체가 마련되어 있지 않은 곳이라면 더 이상 고려해볼 것도 없다.

정보공개서에서 자기자본 비율을 분명히 확인하라

예비 창업자들은 가맹사업법에서 보장하는 '가맹계약서'와 앞서 언급한 '정보공개서'를 반드시 확인해야 한다. 하지만 내용이 많고 이해하기 어렵기 때문에 형식적으로 읽고 넘기는 경우가 많다. 이런 태도는 매우 위험하다. 프랜차이즈로 PC방을 창업하려면 반드시 제대로 해석하고 분석할 수 있어야 한다.

여기서는 대한상공회의소와 에프씨엠컨설팅이 공동으로 소개한 프랜차이즈 가맹 체결 시 유의 사항을 정리할 것이다. PC방 예비 창업자 역시 프랜차이즈를 선택할 때나 계약할 때 반드시 이 부분을 꼼꼼히 검토해야 한다.

※ 참고로 프랜차이즈 본사는 가맹 업주에게 정보공개서 등록이나 변경 등록 시에 정보공개서 등록 직전 3개년도의 재무상태표와 손익계산서 전체를 첨부하여야 한다. 또한, 개인 사업자로 진행하다가 법인 사업자로 전환한 경우에도 실제 영업한 개인 사업 내용을 기재해야 하며, 이를 첨부하지 않는다면 기재 사항 누락에 해당하게 된다.

① 정보공개서의 가치

가맹 본부의 재무제표 중 재무상태표와 손익계산서는 회사와 관련된 다양한 정보를 제공한다. 따라서 재무제표를 분석하면 가맹 본부의 경영 현황 및 장단점을 파악할 수 있다. 이를 재무비율 분석이라고 한다.

특히, 3개년 간의 재무 상태를 비교하면 매출액이 꾸준히 성장하고 있는지와 재무구조의 안정성 등을 확인할 수 있어서 가맹 본부의 지속적인 성장 가능성을 예측하는 데 유용한 자료가 될 수 있다.

만약 자본에 비해 부채가 지나치게 많다면 가맹 본부의 재무 건전성이 취약하다고 볼 수 있다. 가맹 본부의 매출액이 높은 것도 중요하지만, 영업이익이나 당기순이익과 관련된 지표를 확인하여 가맹 본부의 안정성과 성장성 등을 파악해야 한다. 또한, 가맹 본부가 운영하는 가맹 사업의 매출액을 브랜드별로 확인하여 가맹하려는 브랜드의 재무 상태를 파악하는 것도 중요하다.

② 재무비율 분석

재무제표의 각 계정과목 중 서로 연관된 두 개의 항목을 비율로 산정하여 측정하면 기업 경영의 실태(안정성, 수익성, 성장성 등)를 판단할 수 있다.

용어	의미
재무상태표	특정 시점에 본부가 영업 활동을 위해 보유한 자산이 어느 정도고, 특정 시점에 본부가 얼마나 연구 개발에 투자했는지를 보여준다. 또한, 자산을 취득하기 위해 자금을 얼마나 빌렸으며, 본부를 설립하기 위해 주주들이 투자를 얼마나 했는지도 보여준다.
손익계산서	본부가 일정 기간 가맹점과 영업 활동을 하면서 사용한 원가나 상품의 구매 원가를 보여준다. 또한, 본부가 비용을 얼마나 어디에 사용했고, 이익 구조가 어떻게 구성되어있는지 보여준다.
매출총이익률	매출액 − 매출원가
영업이익	매출총이익 − 판매비와 관리비
경상이익	영업이익 + 영업외수익 + 영업외비용

법인세비용 차감전순이익	경상이익 + 특별이익 − 특별손실
당기순이익	법인세비용차감전순손익 − 법인세비용

③ 안정성 분석

기업의 자금 지급 능력에 관한 비율로, 유동성 비율, 일정 시점의 자산, 부채, 자본이 어느 정도 상호 균형 있게 짜여있는지를 알게 해주는 재무구조상의 균형 조건을 분석한다.

용어	계산	의미

유동비율	유동자산/
	유동부채 100
		− 기업의 단기적인 채무 지급 능력을
		  측정하는 비율
		− 기업의 단기 채무를 지급하기 위하여
		  단기에 현금으로 회수될 수 있는
		  자산의 정도를 측정

당좌비율	당좌자산/
	유동부채 100
		− 유동자산 중 용이하게 현금화할 수
		  있는 당좌자산이 어느 정도인가를
		  표시해주는 비율

부채비율	부채/
	자기자본 100
		− 자기자본으로 총부채(타인자본)를
		  어느 정도 충당할 수 있는가를 표시
		  해주는 비율

자기자본 비율	자기자본/
	총자본 100
		− 총자본(부채+자본) 중에서 자기자본이
		  차지하는 비중을 나타내는 비율로써
		  재무구조를 판단하기 위한 대표적인
		  지표

매출채권 대
매입채무비율
	매입채권/
	매출채권 100
		− 기업 간 신용 관계를 나타내는 매출
		  채권과 매입채무를 대비한 비율로
		  기업의 자금 관리 지표로 이용

차입금 또는 부채가 증가하는 데 필요 이상의 현금잔고 등의 유동
자산을 보유하고 있거나 결산 기일 전에 갑자기 현금잔고를 증가시키
거나 판매 부진으로 인한 재고자산의 증가와 매출채권 및 미수금의
증가, 부채비율의 증가 등이 있다면 부적합하다고 판단한다.

④ 수익성 분석

기업 활동의 결과로 나타난 일정 기간의 경영 성과를 의미한다.

용어	계산	의미
매출액 총이익률	매출총이익/매출액 100	- 기업의 전체적인 경영 효율성을 판단하는 데 이용되는 비율
매출액 영업이익률	영업이익/매출액 100	- 매출에 따른 이익을 확인

매출액의 지속적인 감소, 매출원가의 지속적인 상승, 매출 감소 대
비 판매비와 일반관리비의 증가, 금융 비용이 영업이익을 상회하는
등의 상황이 발생하면 부적합하다고 판단한다.

⑤ 활동성 분석

기업이 보유한 자원을 얼마나 효율적으로 활용하고 있는지 나타내는 비율이다.

용어	계산
매출채권 회전율	매출액/[(기초매출채권+기말매출채권)/2]
	의미
	- 매출채권의 현금화 속도를 측정하는 비율로써 기업자금의 원천인 매출채권의 유동 상태를 측정하는 지표

용어	계산
재고자산 회전율	매출액/[(기초재고자산+기말재고자산)/2]
	의미
	- 기업이 재고자산을 얼마나 빨리 매출로 실현시키는가를 나타내는 지표

용어	계산
총자산 회전율	매출액/[(기초총자산+기말총자산)/2]
	의미
	- 일정한 매출을 실현하기 위해 총자산이 1년 동안 몇 회 반복하여 사용되었는가를 나타내는 비율로, 기업이 투자한 총자산의 활용도를 총괄적으로 나타내는 지표

⑥ 성장성 분석

기업의 경영 규모 및 경영 활동 성과가 전년에 비해 얼마나 증가하였는지를 나타내는 비율을 말한다. 성장성이 높으면 시장에서 상대적 지위는 높아지겠지만, 기업의 유동성이나 자금 사정에는 부정적인 영향을 미친다. 따라서 유동성 분석과 연계하여 종합적으로 평가할 필요가 있다.

용어	계산
매출액 증가율	(당기매출액−전기매출액)/전기매출액
	의미
	– 전년도에 비해 당해 매출이 얼마나 증가했는지 나타내는 비율

용어	계산
총자산 증가율	(당기말총자산−전기말총자산)/전기말총자산
	의미
	– 기업에 투하되어 운영된 총자산이 전년도에 비하여 당해에 얼마나 증가했는가를 나타내는 비율로, 기업의 전체적인 외형적 성장 규모를 측정

용어	계산
순이익 증가율	(당기순이익−전기순이익)/전기순이익
	의미
	– 경영 활동의 최종 성과의 향상 정도를 측정하는 비율 – 일정한 표준 비율은 없지만, 일반적으로 비율이 높을 수록 긍정적으로 평가

chapter 06

로열티,
반드시 필요하다

로열티를 받는
프랜차이즈 본사는 많지 않다

PC방 프랜차이즈 본사 중 로열티를 받는 곳은 생각보다 많지 않다. 2012년 대한상공회의소가 프랜차이즈 450곳을 대상으로 조사한 결과, 36%만이 가맹점에 로열티를 부과한다고 답했다. 나머지 64%는 로열티가 필요하지 않다고 했다.

PC방 창업과 관련해서 인터넷을 검색하면, 이런 이야기가 꼭 나온다. "로열티를 요구하는 프랜차이즈 본사는 피하라!"

한국에서는 로열티 대해 부정적으로 보는 것은 일반적 통념이다. 그러나 나는 반대로 말하고 싶다. 로열티는 반드시 필요하다. 비록 적은 수의 프랜차이즈 본사만이 로열티를 받고 있지만, 그 본사들이 로열티를 받는 데에는 그만한 이유가 있다.

자신이 있으면 당당하게
로열티를 요구한다

결론부터 말하면, 자신 있는 프랜차이즈 본사는 로열티를 당당하게 요구한다. 결과를 보면 그 이유를 알 수 있다. 로열티를 요구하고 있음에도 창업자들이 그 프랜차이즈를 꾸준히 찾고 있다. 또한, 그런 프랜차이즈가 오래간다. 물론 로열티 없이도 오래가는 곳이 있겠지만, 로열티와 함께 창업자들의 신뢰와 지지를 받으며 함께 성장해나가는 본사들이 있다.

로열티는 크게 두 가지 형태로 나뉜다. 매월 또는 매년 일정 금액을 부과하는 고정 로열티 방식이 있는가 하면, 매출 대비 일정 비율을 부과하는 러닝 로열티 방식이 있다. 전자의 경우가 72%에 해당하고, 나머지는 28%다. 러닝 로열티를 받는 프랜차이즈는 월평균 가맹점 매출액의 1~3%를 부과하기 때문에 다소 부담이 될지 모른다. 그러나 PC방 프랜차이즈는 대부분 PC 한 대당 5,000~10,000원의 로열티를 부과하고 있다. 이는 PC방 운영 비용과 수익을 고려할 때 큰 돈이 아니다. 따라서 프랜차이즈를 선택할 때, '로열티 면제, 로열티 무료'라는 말에 현혹되어서는 안 된다.

로열티를 받지 않는 본사를 믿지 말라는 말은 아니다. 다만 생각해볼 것은 로열티를 받지 않고 PC방 프랜차이즈 가맹점 관리가 과연 가능하냐는 점이다. PC방 프랜차이즈와 같은 시설 사업은 개설 마진이 본사 수익의 대부분이다(개업 마진이 무려 90%다). 외식업은 물류 수익을 추후에 지속해서 받지만, 시설업은 로열티 없이는 개업 마진에만 의존해야 한다. 그런데 개업 마진으로만 원활한 본사 운영이 가능할까? 그 본사는 과연 살아남을 수 있을까? 이런 현실적인 부분에 대해 의문을 제기할 수밖에 없다.

로열티를 면제해주면서 관리는 잘해준다는 말에 속지 말자. 회사는 숨 쉬는 것 자체가 비용인데, 그런 기업의 생리조차 속여가며 감언이설하는 것에 휘둘려서는 안 된다. 그런 말을 믿는 것 자체가 욕심이다.

한편, 이런 의문을 가질 수도 있다. 로열티를 낸다고 해서 그 돈이 실제로 가맹점들을 위해 쓰이는지 알 수 없다. 그러나 이 역시 결과를 보면 알 수 있다. 로열티를 받으면서도 잘나가는 프랜차이즈가 있다면, 그것은 로열티가 효력을 발휘하고 있다는 뜻이다. 그러기에 점주들은 로열티를 내면서까지도 계속 그 본사와 함께하는 것이다.

만약 로열티가 제값을 못한다면, 가맹점들은 바보가 아니기에 본사와 매년 재계약을 하지 않을 것이다. 그들이 로열티 지불을 하면서도 건재하다는 것은 그만큼 투자의 효과를 거두고 있다는 방증이 아닌가.

본사는 잇속을 챙기려고 로열티를 요구하는 것이 아니다. 그런 단기적 계획으로 기업을 운영할 수는 없다. 로열티를 받는 만큼 도움을 줄 수 있다는 자신감이 있기에 계속해서 로열티를 받는 것이고, 그만큼 가맹점에 대한 지원을 강화한다. 직접적 지원만이 아니라 기술 및 노하우 개발에도 본사는 더 투자하게 된다.

이제 '로열티를 받는 것은 본사의 착취'라는 인식을 버려야 한다. 반대로 '로열티를 받는 곳은 그만큼 신뢰할 수 있는 곳'이라고 생각하는 것이 합리적이다.

chapter 07

가맹 영업팀이 정규직인
프랜차이즈 본사를 선택해라

우리나라 프랜차이즈 회사들의 병폐 중 하나가 영업 인력을 정규직으로 쓰지 않는다는 점이다. 최소 기본급만 지급한 상태에서 계약금의 몇 %를 수당으로 주는 구조에 익숙해져있다.

이런 구조에는 어떤 문제가 생길까? 사회정의에 대한 문제를 제기하는 것이 아니라 합리적으로 좋은 결과를 낼 수 없는 구조라는 점이 문제다. 현재와 같은 상황에서 영업 직원들은 무조건 계약만 따내는 것에 급급하게 된다. 장기적인 안목으로 본사와 가맹점이 살아남는 데에는 관심이 적을 수밖에 없다. 그저 그 순간 살아남는 것에 주목할 수밖에 없고, 자연히 계약 성사에만 열중하게 되는 것이다.

이런 상황이라면 아무리 전문성을 가지고 컨설팅을 진행해도 점주의 성공적인 창업을 위한 컨설팅이 될 수 없다. 컨설팅의 목적이 애초부터 '계약'이기 때문이다. 가령, 자금이 부족하다고 하면 없는 대로라도 창업하게 하려고 한다. 그래야 자신이 계약을 따내고 그에 대한 수당을 받기 때문이다. 당연히 또 다른 계약을 성사하는 것만이 중요하다. 그래서 위와 같은 상황에서는 질적으로 우수한 영업 및 컨설팅을 진행하는 것이 불가능에 가깝다.

이런 영업팀 구조를 가진 프랜차이즈 본사는 피해야 한다. 같이 일하는 직원에 관심 없는 사람들이 가맹점의 성공에 관심을 가질 이유가 없다. 찾아야 할 곳은 가맹 영업팀이나 컨설팅팀이 연봉제로, 곧 정규직으로 고용된 회사다.

정규직이 아니면 본사에 소속감을 느낄 수 없다. 마음에 안 들면 언제든 떠날 수 있고, 떠나고 싶지 않아도 언제든 쫓겨날 수 있기 때문이다. 그만큼 회사에 대한 소속감은 매우 중요하다. 본사 브랜드를 믿고 찾아왔는데, 단지 본인 수당을 위한 계약 성사에만 집중한다면 이 얼마나 무책임한 일인가?

6

이런
프랜차이즈는
피해라

이런 프랜차이즈는 피해라

프랜차이즈를 선정할 때에도 브레인스토밍이 필요하다

앞서 우수한 프랜차이즈를 판별하기 위한 기준들을 몇 가지로 분류하여 살펴 봤다. 그런데 이런 내용을 알고 있어도, 막상 현실에서 완벽한 선택을 하기란 쉽지 않은 일이다. 좋은 점이 보여서 선택했더라도, 예상치 못했던 약점들이 있 다면 돌이킬 수 없는 결과를 초래할 수 있다. 이미 계약서에 서명하고 돈까지 지불한 상태에서는 일방적으로 파기할 수 없는 노릇이다.

프랜차이즈를 선택할 때는 파트 5에서 다룬 내용을 중심으로 좋은 프랜차이즈 를 고르되, 한 번 더 거르는 작업을 해야 한다. 그것만으로 안심하지 말고, 의심 이 가는 프랜차이즈를 확실하게 배제하라는 말이다. 혹은 문제가 되고 피해야 할 프랜차이즈를 먼저 제거한 후, 나머지 후보를 중심으로 선택하는 것도 좋은 방식이다.

그런 점에서 프랜차이즈를 선택할 때도 브레인스토밍이 필요하다. 막막할 때는 '제거해야 할 것'부터 하나씩 지워나가면 답이 보인다. 우리가 선택해야 할 프랜 차이즈의 정체가 서서히 드러나는 것이다.

여기서는 누가 보아도 '약점이고 신뢰하기 어려워 보이는 포인트'는 다루지 않았다. 본사 관계자들의 불량한 태도, 부족한 경제적 기반 등은 굳이 말하지 않아도 다 아는 사실이다. 문제는 '문제로 보이지 않지만 알고 보면 큰 문제'(강점으로 홍보하지만, 뚜껑을 열어보면 약점인 것)가 존재한다는 사실이다. 이런 부분은 예비 창업자의 입장에서 쉽게 속아 넘어갈 수 있는 부분이기 때문에 더욱 강조해서 다루었다.

이제 혹하지 말고, 속지도 말자. 돌다리도 두드려보고 건넌다는 태도로 프랜차이즈를 선택하도록 하자. 부디 이 내용을 알게 된 예비 창업자들이 바른 판단 기준을 세워갔으면 하는 바람이다.

다양한 보장을 해주겠다고
홍보하는 프랜차이즈를
조심해라

**달콤한 말에
현혹되지 말자**

'원금 보장, 매출 보장, 재창업 보험 제도, 원가 창업'과 같은 용어를 사용하는 프랜차이즈를 조심해야 한다. 위와 같은 입바른 말들은 아무 조건 없이 실현될 수 있는 일이 아니다. 보험을 예로 들어보자. 보험 가입 후, 막상 보험금을 받으려고 하면 빼곡하게 적힌 계약서의 조항들을 핑계로 보험금 지급을 거부한다. 억울해도 소용없다. 이미 약관에 명시된 내용이고, 거기에 서명한 것은 나 자신이기 때문이다. 스스로 동의했으니 어쩔 수 없다는 것이 그들의 설명이다. 물론 이것은 교묘한 속임수다. 깨알같이 전문용어로 작성된 보험약관을 정독하는 사람이 없다는 사실을 보험사는 잘 알고 있기 때문이다. 그래서 그 점을 악용한다.

이 상식 아닌 상식은 프랜차이즈 창업에도 그대로 적용된다. 영업이 잘 안 되어서 망하면 처음 투자한 원금을 보장해준다? 매출이 저조하면 본사에서 매출을 보장해준다? 심지어 본사 비용으로 점포를 옮겨서 새롭게 개업해준다?

창업자들은 돈에 민감하다. 언론 노출, 화려한 수상 내역에 혹하는 예비 창업자들도 있겠지만, 사실 가장 먼저 반응하게 되는 부분은 '비용'이다. 어떻게 해서든 대출을 덜 받고 창업하고 싶은 것이 그들의 희망 사항이다. 최소한 큰 성공은 못 하더라도 손해 보지 않는 것이 그들이 갖는 최소한의 바람이다. '점포가 망해서 내 인생도 완전히 망하면 어쩌지?' 창업에 앞서 매일 고민하게 되는 내용일 것이다.

간절한 사람들은 늘 희망의 메시지를 기대한다. 그 심리를 자극하는 것이 "망하면 원금 보장을 해주겠다."라는 프랜차이즈의 손짓이다. 만약 이 말이 사실이라면 이보다 더 좋은 조건은 없다. 두 번 생각할 것 없이 당장 도전해도 된다. 망해도 원금을 그대로 돌려준다는 데 망설일 이유가 무엇인가? 경험 삼아서 혹은 재미 삼아서라도 해보는 게 좋다.

물론 그것은 말 그대로 환상에 불과하다. 투자자의 원금을 보장해주는 사업자는 세상에 존재하지 않는다. 정확히 말하면 불가능한 일이다. 너무나 당연한 상식이지만, 불안한 상황에서 흔들릴 수 있는 사람들을 위해 분명하게 언급해두겠다. 이런 조건은 기부 단체에서나 가능한 일이다.

대기업이나 정부에서 진행하는 유사한 프로그램도 혜택을 받으려면 까다로운 조건을 충족해야 한다. 그런데 안정적인 구조의 정부나 대기업에서도 까다롭게 진행하는 일을 아무 조건 없이 지원해준다는 것은 어불성설이다.

'원금 보장' 같은 감언이설은 비단 PC방만이 아니라 다른 업종에서도 흔히 쓰이는 홍보 문구다. 원금까지는 아니라도 '만족할 만한 결과를 얻지 못했을 경우 100% 환불해드립니다'와 같은 광고를 쉽게 볼 수 있다. 어떤 물건을 구매했다가 문제가 생겼을 때 환불받는 것은 가능한 일이지만, 사업 결과에 따라 환불도 불사하겠다는 업체의 말은 가당치 않다. '누가 봐도 손해인 일'을 군이 하겠다고 나서는 업체는 의문을 가지고 정확하게 내용을 파악해야 한다. 창업은 환상이 아닌 현실에 기반을 두고 생각할 일이다.

공수표를 날리는 PC방 프랜차이즈는 다른 부분에서도 신뢰하기 어렵다. 정말로 자신이 있고 탄탄한 업체라면 군이 그런 말도 안 되는 홍보 문구를 쓰지 않는다. 이 원리는 PC방만이 아니라 여느 업종에서든 마찬가지다. 친구 사이에서도 마찬가지 아닌가.

기업의 목적이 이윤 창출이라는 것은 경제학도가 아니라도 아는 기본 상식이다. 그러니 원가로 창업해준다는 특정 프랜차이즈 광고는 상식적이지 않은 말이다. 만약 그렇게 운영한다면 그 회사는 이윤은커녕 유지될 수도 없다. 여기에는 깊은 통찰이 요구되지 않는다. 아무리 불안하고 힘들어도, 그저 상식적으로만 생각하면 될 일이다.

홈페이지가 화려하다고
무조건 계약하지 마라

결론부터 말하겠다. PC방 프랜차이즈 홈페이지는 절대 복잡할 필요도, 화려할 필요도 없다. 특별한 디자인과 이색적인 카테고리의 분류…. 다 필요 없다. 주목해서 볼 것은 차별화될 만한 것이 몇 가지 있느냐다.

차별화될 만한 것이 있는 PC방 프랜차이즈는 그것을 분명하게 드러내어야 한다. 홈페이지가 복잡하거나 화려하지 않고 오히려 깔끔하다. PC방 업계에서는 단순한 것이 좋다. 이는 디자인이 아닌 아이디어로 승부하겠다는 자신감의 표현이기 때문이다. 즉, 분명한 승부수가 있다는 말이다.

내놓을 아이디어가 없으니 화려하게 꾸미는 데 집중한다. 뭐든 많아 보이고, 뭔가 좋아 보이게 꾸미는 것이다. PC방 문외한들은 홈페이지만 보고도 끌리도록 잘 만들어놓는다. 실제로 홈페이지가 화려하면 '여기에 돈을 쓴 만큼 자본이 탄탄하겠다.'라고 생각할 수도 있다. 그러나 그것은 착각일 뿐이다. 언론 노출과 마찬가지로, 잘나가는 PC방은 핵심 역량으로 경쟁한다.

이 점을 역으로 활용하자. 화려한 홈페이지를 보면 먼저 의심하는 습관을 길러야 한다. 가령 인테리어 콘셉트를 3D로 멋있게 뽑아 홈페이지에 올려놓는 경우가 있다. 그러나 막상 가보면 자재는 저가이거나 3D와 맞지 않는 경우가 많다. 전체 건물의 일부만 임대해서 사용하면서 마치 건물 전체가 본사인 것처럼 느끼게끔 건물 사진을 홈페이지에 올려놓는 경우도 있다. 속지 않으려면 홈페이지에 나온 것만 보고 판단해서는 안 된다.

화려한 홈페이지만큼 실적과 수익이 화려한 곳도 있다. 그럼에도 창업자들은 다방면으로 의심하는 습관을 들여야 한다. 돌다리를 몇 번이라도 두드려야 하는 것이 예비 창업자의 의무다. 이런 의심을 신중함이라고 말한다.

다시 말하지만, 홈페이지와 실재가 무조건 반비례하는 것은 아니다. 그럼에도 일단 걸음을 멈추고 한 번 더 생각하는 태도를 가져야 한다. 그런 사람이 성공한다.

홈페이지만 보고 프랜차이즈를 평가하는 것은 근시안적인 태도다. 구체적으로 사업 성과와 수익성을 알아본 후에 평가하도록 하자. 큰 비용을 투자하는 만큼, 반드시 직접 만나보는 등 객관적으로 평가하기 위해 다방면으로 노력해보자.

브랜드를 바꿔가면서 사업하는
프랜차이즈 본사는 피해라

프랜차이즈가 걸어온 길을
공부하라

프랜차이즈 PC방 창업을 고려하는 예비 창업주라면 기존의 PC방 프랜차이즈에 관해 공부해야 한다. PC에 대한 전문가가 될 필요는 없지만, 프랜차이즈 창업을 고민하는 이상 현재 우리나라에 있는 PC 방 프랜차이즈에 대한 정보를 찾아보고 선별할 수 있어야 한다. 그때 가장 현명한 판단이 가능하다.

처음 선택을 잘하면 다음부터는 편하다. 책임감 있는 프랜차이즈가 사업에 날개를 달아줄 것이다. 그러나 시작부터 삐걱하여 제대로 선택하지 못하면 이후 고난이 시작된다. 예상치 못한 부분에서 잡음이 생기고 착오가 생기는 등 창업의 길이 멀고 험할 것이다. 설령, 창업까지는 순탄해보일지 모르나 창업 이후 반드시 문제가 생기게 된다.

인터넷만 검색해서 쉽게 정보를 찾으려 하지 말고, 수고스럽더라도 직접 발로 뛰며 프랜차이즈를 선택해야 한다. 비전문가인 지인의 말만 듣고 특정 프랜차이즈를 선택하는 일은 없어야 한다. 학창 시절과 마찬가지로 창업에 있어서도 공부가 절대적이다. PC 기능이 아니라 프랜차이즈 본사들이 걸어온 길에 대해 분명하게 알아야 한다. 그 길은 앞으로 나아갈 방향이기도 하다.

브랜드 변경은 성장의 신호가 아니다

공부할 때 특별히 주목해서 볼 부분이 있다. PC방 프랜차이즈 중 브랜드를 바꿔가면서 사업하는 곳이 종종 있는데, 그런 곳은 과감하게 제외하라고 제안한다. 상호가 자주 바뀌는 프랜차이즈는 기반이 약한 모래성과 다름없다. 회사의 상징인 브랜드를 자주 바꿨다는 것은 결코 긍정적인 이유가 아닐 것이기 때문이다.

브랜드를 바꾸는 것에 특별히 문제의식을 못 느끼는 창업자들이 많다. 심지어 브랜드 변경이 회사의 쇄신을 위해서, 혹은 더 큰 발전을 이루었기 때문이라는 광고에 속는 사람들도 있다.

잘나가는 프랜차이즈는 절대 브랜드를 바꾸지 않는다. 일반 기업을 봐도 마찬가지다. 잘나가는 스타나 대학도 예외는 아니다. 굳이 이름을 바꿀 필요가 없고, 바꾸는 것은 분명 손해다. 그동안 쌓아온 인지도와 이미지가 아까워서라도 못 바꾼다.

그런 면에서 볼 때, 브랜드 변경을 성장의 신호나 개혁의 상징이라고 생각할 수는 없다. 정확한 이유까지는 알 수 없지만, 분명 부정적인 이유일 것이다. 심지어 그런 변경이 빈번한 곳이라면 과감하게 명단에서 제외해야 한다. 브랜드 변경의 역사는 실패의 역사다. 문제를 근본적으로 해결하지 못하고, 브랜드만 바꾸어 지속적으로 안고 왔음을 방증하는 것이니 결코 긍정적으로 볼 수 없다. 단, 예외도 있다. 대기업이나 잘나가는 중소기업이 합병 과정에서, 혹은 시대의 흐름에 부응하기 위해 명칭을 바꾸기도 한다. 하지만 그것은 극히 드문 사례이며, 대규모 기업에서나 해당하는 일이다.

가맹점의 폐업률이 높은
프랜차이즈 본사는 피해라

PC방 프랜차이즈 홈페이지에 들어가면 저마다 가맹점 수 1위라고 주장한다. 분명 1등은 하나여야 하는데, 왜 저마다 1등이라고 하는 것일까? 그것은 개업했던 가맹점 수만을 제시하기 때문이다. 현재 살아남은 가맹점 수가 아니라 사라진 곳까지 포함한 전체 가맹점 말이다. 그러니 그 수는 무한히 갱신되고, 매 순간 1등이 뒤바뀐다. 일종의 허수는 숨기고 자신들이 1등이라고 광고하는 셈이다.

예를 들어보자. 가맹점 1,000곳을 개업한 PC방 프랜차이즈와 500곳을 개업한 PC방 프랜차이즈가 있다고 가정해보자. 어느 프랜차이즈가 더 잘나가는 프랜차이즈일까? 여기서 봐야 할 것은 1,000개, 500개라는 개업 기록이 아니다. 현재 살아남아있는 점포의 수가 더 중요하다. 아무리 1,000개 점포를 개점했어도 남아있는 게 100개 점포라면 좋은 프랜차이즈라고 평가할 수 없다. 반대로 500개 점포를 개점했는데 절반 정도가 살아남았다면 훨씬 더 신뢰할 수 있는 프랜차이즈라고 봐도 된다.

가맹점을 몇 개 개업했는지는 중요하지 않다. 중요한 것은 폐업률이다. 현재 얼마나 많은 가맹점이 유지되고 있는지를 확인해야 한다.

누군가는 점주들이 망한 것이 아니라 '더 좋은 사업을 위해 접었다'고 하거나 '점포를 매매했다'고 할지 모른다. 하지만 잘 되었다면 굳이 폐업하거나 매매하지 않을 것이다. 즉, 폐업률이 높다는 것은 본사가 제대로 관리해주지 못했거나 본사의 경쟁력이 없다는 것을 의미한다.

신생 프랜차이즈 본사는 피해라

우리나라 프랜차이즈 본사 법인은 5,000개가 넘는다. 그 법인들이 만든 브랜드는 6,000개 정도 된다. 왜 이렇게 많은 본사와 브랜드가 출현하는 것일까? 몇 가지 이유 중에 프랜차이즈 본사에서 영업하던 사람들이 독립해서 새로운 프랜차이즈 본사를 만드는 경우가 비일비재하기 때문이다.

영업만 하던 입장에서 보면 프랜차이즈 설립이 쉽게 보였을 것이다. 오피스텔 하나를 얻어서 직원을 두고 잘 영업하면 성공할 거라고 생각했던 것이다. 전문 영역인 영업은 자신 있으니, 과감하게 직접 프랜차이즈를 설립한 것이다.

이런 식으로 출발한 신생 프랜차이즈는 피하는 것이 좋다. 영업력만 믿고 규모 없이 시작했기 때문에 지금처럼 경기가 안 좋고 경쟁이 치열한 상황에서는 수명을 유지하기가 어렵다. 게다가 그런 프랜차이즈들은 원가 창업이나 마진 없는 창업을 들먹이는 경우가 많은데, 앞서 설명한 것처럼 이는 실현 불가능한 허위 광고에 지나지 않는다.

본사 규모는 경쟁력과 마케팅에 매우 중요한 요소다. 그런 토대가 있어야 가맹점 관리도 잘 이루어진다. 영업력만 믿고 시작한 본사는 회사 규모가 작다 보니 관리나 마케팅에 대해 미흡하거나 소홀할 수밖에 없다. 모래 위에 세워진 성처럼 언제든 흔들리고 무너질 수밖

135

에 없다. 그래서 프랜차이즈 본사의 기존 성공 사례를 공부해야 하는 것이다. 신생 프랜차이즈는 본사의 생존 자체가 불명확하기 때문에 꾸준한 지원을 보장받기 어렵다.

chapter 06

프랜차이즈 본사는
왜 빨리 폐업하는가?

3~4년 만에 망하는 본사가 많다

지금까지 피해야 할 프랜차이즈 본사의 유형을 설명했다. 이제 마지막으로 프랜차이즈 본사가 왜 빨리 망하는지를 다룰 것이다. 이 내용은 프랜차이즈 본사가 처한 현실을 조명함과 동시에, 불안한 프랜차이즈 본사와 계약하는 것이 얼마나 위험한지를 알려줄 것이다.

먼저 현실적인 이야기부터 해보자. PC방 프랜차이즈 본사의 경우, 3~4년 만에 망하는 경우가 상당수다. 분명 홍보할 때는 이런저런 장점을 들먹이며 믿고 따르라고 하지만, 얼마 되지 않아 문을 닫게 되는 것이다. 이제 그 이유를 알아보자.

개업 마진에 의존하는 본사

PC방 프랜차이즈가 다른 업종의 프랜차이즈와 다른 점이 있다. 단도직입적으로 말하면, PC방 프랜차이즈에는 개업 마진이 유일하다. 로열티를 받지 않을 경우, 개업할 때 가맹점으로부터 받은 것이 유일한 수입이라는 말이다. 그래서 개업 시기에 본사에서 추가 비용을 받는 경우가 많다. 이것을 더 추가하고, 창고도 더 만들어야 하며, 주방도 이렇게 하면 좋다는 식으로 말하며 추가 비용을 발생시킨다. 때로는 PC, 인테리어, 간판 등에서 마진을 얻기 위해 비용을 추가하기도 한다.

PC방 프랜차이즈는 로열티 안 받는 곳이 많아 개업 마진 유일한 수입원이기 때문에, 시간이 지나면 본사가 재정난을 겪게 된다. 최소한의 로열티도 받지 않는다면 관리는 고사하고 개업 후 A/S 등으로 발생하는 추가 비용을 감당할 수가 없기 때문이다. 그렇게 재정난이 생기면 본사의 상황은 심각해진다. 이런 구멍은 회사 경상비로 충당되지 않는다. 결국, 가맹점이 꾸준히 늘지 않으면 망하는 것은 시간문제다. 앞서 언급한 것처럼, 로열티와 지속적인 물류 수익이 없는 PC방 프랜차이즈 본사와 신규 창업이 없는 프랜차이즈 본사는 늘 위험을 안고 있으므로 주의해야 한다.

다른 업종은 PC방과 다르게 운영된다. 가령, 외식업은 창업하면 물류 수입이 일정 수준으로 나온다. 그리고 대부분 로열티를 받고 있다. 이렇게 로열티와 물류 마진 등으로 본사가 유지되기 때문에, 가맹점과 상생하며 발전할 수 있는 것이다.

살아남는 프랜차이즈 본사와 손잡으려면

썩은 동아줄과 튼튼한 동아줄을 어떻게 구별할 수 있을까? 두 가지 요소가 더해졌을 때 살아남는 튼튼한 동아줄, 튼튼한 프랜차이즈 본사가 된다.

첫째는 개업 마진이 유일하지만, 가맹점이 지속해서 생기는 경우다. 가맹점이 늘고 있다는 말은 차별화된 장점이 있기 때문이고, 기존 가맹점들이 경쟁력을 가지고 생존한다는 증거도 된다. 이런 본사는 튼튼한 동아줄이다.

둘째는 처음부터 본사의 안정적 운영을 위해 개업 시 과도한 추가 비용을 제시하지 않고 로열티를 받는 경우다. 간혹 '우리 프랜차이즈와 계약하면 저렴하게 시작할 수 있다'고 광고하면서 개업에 맞춰 추가 비용을 요구하는 경우가 있다. 하지만 살아남는 본사 중 신뢰를 중요하게 여기므로 처음부터 정직하게 말한다. 추가 비용을 요구하지 않고 처음부터 투명한 비용을 제시하는 것이다. 그렇게 해도 문제없는 이유는 로열티를 받기 때문이고, 그만큼 관리를 해서 꾸준히 살아남도록 관리해줄 것이기 때문이다. 그러니 개업 시에 추가 비용을 요구할 필요도 없다. 이런 본사를 찾아야 한다.

결론적으로 말하면, 저렴하다는 말에 속지 말고, 정직하고 투명하게 일을 처리하는 곳을 찾아야 한다. 싸든 비싸든 프랜차이즈 본사는 이윤을 내기 위해 일한다. 그러니 감언이설보단 자신감 있게 비용을 제시하는 곳을 선택해서 상호신뢰하며 PC방을 운영해야 한다.

지금까지 피해야 할 PC방 프랜차이즈의 특성을 살펴봤다. 그 공통분모로 유추할 수 있는 사실은 '빛 좋은 개살구'를 조심해야 한다는 점이다. 맛좋고 질 좋은 살구는 겉모습이 어떻든 사랑받는다. 말도 안 되는 공수표나 영업력은 독이 될 수 있음을 기억하자.

7

망설이는
개인 창업자들도
잘 배우면
두렵지 않다

망설이는 개인 창업자들도
잘 배우면 두렵지 않다.

창업자들에게는 서류 하나 준비하는 것부터가 버겁다

PC방 창업뿐만 아니라 어떤 창업이든 간에 출발선 앞에서는 막막함이 뒤따른다. 가장 골칫거리라 할 수 있는 자금 문제가 해결되었다고 해도 창업을 위한 절차가 복잡하다 보니 머리가 아프다. 무엇부터 시작해야 하는지부터가 골칫거리다.

물론 프랜차이즈 창업을 할 경우에는 이 부분에 관해 체계적으로 다 알려주고 이끌어주기에 걱정이 없을 수도 있겠지만, 개인으로 창업할 경우에는 그야말로 스스로 다 알아서 해야 한다. 곧 발품을 팔아야 하는 것이다. 결국, 창업을 앞둔 시점에서 도와주는 사람들이 많지 않은 이상은 이 과정이 결코 쉽게 다가오지 않는다. 정보를 얻는 과정에서부터가 혼란스럽다.

그런 차원에서 마지막 파트에 해당하는 파트 7에서는 창업자들이 행정적인 차원에서 준비해두어야 할 것들이나 그 밖에 창업 및 이후 운영에 있어 필수적으로 알아야 할 정보들에 대해 정리를 해보도록 하겠다.

물론 인터넷을 뒤지면 이리저리 다 나올 법한 이야기이기도 하다. 그러나 개인 창업자들의 입장에서는 여유롭게 모니터 앞에 앉아 클릭하고 있을 시간이 없다. 원하는 정보가 많이 있다고 해도, 여러 군데에서 등장하다 보니 무엇이 맞는지, 어떤 정보를 중심으로 준비해야 할지 막막하기 그지없다. 원하는 정보를 딱 얻었다고 해도 그것을 아웃풋 자료로 정리하는 것도 쉽지 않다.

그런 차원에서 이 책은 개인 창업자들이 조금이라도 쉽게 필수 정보를 확인할 수 있도록 구성하였다. 곧 이번 파트는 주로 개인 창업자들을 위한 공간이라고도 볼 수 있겠다. 물론 프랜차이즈 창업자라고 해서 무조건 건너뛰어서는 안 된다. 여기에 세무 신고나 재무관리 등은 지속해서 확인하며 파악해두어야 할 내용이기 때문이다.

PC방 창업의
절차 및 준비

창업의 준비는 크게 세 단계로 나뉘며, 단계별로 준비하고 진행할 사항은 아래와 같다.

① 1단계 창업을 위한 전반적인 준비	**사업계획서를 작성한다.** 이 단계에서는 자금 계획 세우고 손님 확보 전략 세워야 한다. **상권을 분석한다** 주요 고객층을 중심으로 유동 인구 분석 상권을 분석하고 입지 타당성을 파악한다.
② 2단계 점포 관련 준비	**점포 물색 후 임대차계약을 맺는다,** 인테리어 업체를 선정하고, 점포 구성 및 콘셉트를 설정한 후 인테리어에 들어간다. **집기를 비롯하여 내부 세팅을 완료한다.** PC의 프로그램을 세팅한다.
③ 3단계 개업을 위한 준비	**행정 및 영업 신고 부분을 확인한다.** – 관리 부분 확인 – 접객 부분 확인 – 점포의 외적인 부분 확인 (이때 체크리스트를 작성한다.)

① 건물의 용도 가능 여부 확인

정화구역 확인 및 해당 건물 위법성을 검토해야 하며, 인허가 사항 확인 절차는 다음과 같다.

확인 사항	참고
정화구역 확인하기	- 정화구역은 두 종류로, 절대정화구역, 상대정화구역이 있다. 해당 구역 여부를 확인하여 교육청 심의 진행 후 허가를 받게 된다.
학원 입점 여부 확인하기	- 해당 건물에 관인 학원의 입점 여부를 미리 교육청에서 확인한다.
건축물대장 확인하기	- 해당 건물이 건축법상 위법 사실 여부가 있는지 확인한다.
정화조 확인하기	- 적정 정화조가 있는지 확인한다.

소방, 방화 시설 완비 증명 발급받기

여기서 정화구역에 대해 법적으로 조금 더 자세히 알아볼 필요가 있다. PC방 점포를 찾을 때 가장 먼저 확인할 것이 바로 정화구역인데, 정화구역은 관할 교육청에 정화구역 담당자를 통해 주소로 확인할 수 있다. 학교 정화구역은 기존 학교 및 학교 예정 부지까지 포함이므로 반드시 관할 교육청에 확인하여야 하며, 통화 및 방문 시 녹

취나 담당자 확인을 받아놓아야 한다.

원칙적으로 정화구역 내 PC방 점포 개업은 원칙상 불가능한데, 두 가지 정화구역의 차이는 다음과 같다. 먼저 절대정화구역은 학교 출입문으로부터 직선거리로 50m까지의 구역을 의미한다. 또한, 상대정화구역 학교의 경계선으로부터 직선거리로 200m까지의 지역 중에서 절대정화구역을 제외한 지역을 의미한다.

만약 심의 해지 신청을 하려면 필요 서류를 준비하여 관할 교육청에 제출해야 한다. 허가 접수 시 필요한 서류는 다음과 같다.

> ✅ 심의해지신청서(관할 교육청)
> ✅ 건축물대장 또는 건축설계도면
> ✅ 토지이용계획확인서 1부
> ✅ 주변 약도(해당 학교와 신청지가 연결된 약도) 1부
> ✅ 도시계획확인원(지적도 포함, 관할 시, 군, 구청)

심의 해지 신청 방법은 관할 교육청에 문의하면 더 상세히 안내를 받을 수 있다. 심의 해지 기간은 보통 1달 정도 소요된다.

② PC방 등록증 발급을 위한 절차

PC방 등록증은 PC방 영업을 위해 꼭 필요한 인허가증이다.

PC방 등록증이 발급되어야 사업자등록이 가능하며, 발급은 관할 구청, 군청, 시청 문화체육부에서 담당한다.

(관할 구, 군, 시청마다 담당하는 과가 다를 수 있으니 문의 후 방문하시는 걸 추천)

필요 서류로는 전기 안전 점검확인서(전기필증), 소방 완비증명서(

소방필증), 임대차계약서, 신분증이다.

성범죄 이력 조회 문서를 관할 경찰서에서 받아 함께 제출해야 한다.

등록 신청 후 담당자가 PC방 설치 기준에 적합한지 확인 후 문제가 없다면 다음 날 발급이 가능하다.

설치 기준이라 하면 PC댓수, 청소년 출입 시간, 유리문 투명, 금연 칸막이, 음란물 차단 소프트웨어 설치, 영업자 준수 사항표 등이 있다.

✔ 음란물 차단 소프트웨어 설치를 의무화해야 한다.
✔ 인테리어 시 바닥에서 1,200mm 이상은 시야 확보를 위해 시야를 가리는 설치물은 금지된다. (단, 투명 유리는 허용된다.)
✔ 조도는 어둡지 않은 선에서 유지하여야 한다.
✔ 주출입문은 강화유리(투명)로 하여야 하며, 외부에서 내부가 보이도록 하기 위함이므로 유리문에 시야를 가리는 것들을 부착하여서는 안 된다.

● 정화구역 체크

PC방 허가(등록증)를 받기 위해서는 PC방 위치가 정화구역 내에 포함되어서는 안 된다. (관할 교육청에서 주소로 확인 가능)

절대정화구역 : 학교(초중고) 출입문으로부터 50m 이내이며, 이곳에는
            PC방 허가를 절대 받을 수 없다.
상대정화구역 : 학교(초중고) 담장부터 200mm 이내이며, 이곳에는
            PC방 허가를 받을 수 없지만, 심의신청을 통해 허가를
            받을 수도 있다.

● 건물 용도 체크

건축물대장을 확인하여 용도를 반드시 확인하여야 하며, 만약 용도가 맞지 않을 경우 허가를 받을 수 없기 때문에 용도 변경을 하여야 한다.

- 용도 변경은 절차가 복잡하고 비용이 많이 소요되므로 용도 변경이 필요한 점포는 가급적 피하는 것이 좋다.
- 허가가 가능한 용도는 제2종근린생활시설 이상으로 사무실 용도/판매 용도 등일 경우도 가능하다. 하지만 해당 관할 담당자마다 해석이 다르니 필히 관할 담당 부서에 확인해야 한다.

③ 영업 등록 절차

관할 시 군 구청에 등록하기

구비해야 할 서류
- 법인등기부등본 1부 (법인인 경우)
- 영업소 건축물관리대장 등본
- 임대차계약서 사본 1부
- 영업 시설 및 설비 개요서 1부

관할 시 군 구청에서 서류 검토 후 결재

등록증 교부

④ 사업자등록증 발급 절차

다음의 서류를 준비하여
관할 세무서에서 신청서 작성

구비해야 할 서류

- 사업자등록신청서 (세무서 구비)
- 임대차계약서 사본 1부
- 영업허가증
- 신분증, 도장

관할 세무서에서 구비 서류 검토/면담 후 결재

등록증 수령

PC방
창업 비용

지역과 규모에 따라 달라지는 네 가지 비용

어떤 창업이든 마찬가지겠지만 제일 고민이 되는 것은 비용이다. 비용이 얼마냐에 따라, 곧 그 비용을 어느 정도 감당할 수 있느냐에 따라 창업 품목이 달라지기도 한다. PC방도 마찬가지다. PC방 창업을 한 번이라도 생각해본 사람들에게는 전반적인 비용에 대해 궁금해할 수밖에 없다.

물론 여기에 대해 딱 잘라서 대답을 할 수는 없다. 지역이 어디냐에 따라, 규모 등에 따라 비용은 천차만별이기 때문이다. 지역과 규모는 크게 네 가지 영역에 영향을 미친다. 그 네 가지는 바로 보증금, 권리금, 임대료, 인테리어 비용이다. 참고로 인테리어 비용도 천차만별일 수 있는데, 어떤 자재를 쓰느냐 등의 선택에 따라 비용 차이가 크게 날 수 있다.

한편 권리금은 대부분 점포에 붙어있는 것인데 일반적으로 세 가지로 구분된다. 첫째, 시설권리금은 초기 개점 시에 투여된 시설 비용을 말하는데, 인테리어, 산판, 기자재 등을 보전해주는 권리금이라고 할 수 있다. 둘째, 영업 권리금은 기존의 주인이 단골손님의 확보하여 꾸준한 매출을 올리고 있었다면 그 점포를 인수하면서 매출을 보장받을 수 있는 성격의 권리금인데, 다른 업종의 점포가 아닌 PC방(특히 잘나가던 PC방)을 인수하는 경우에 이 권리금이 적용될 수 있겠다. 셋째, 바닥 권리금은 점포 자체가 좋은 입지에 있을 경우 프리미엄이 붙는 것을 말한다.

PC와 시설 비용

여기에 추가해서 PC와 시설 비용을 고려해야 하는데, PC는 컴퓨터 스펙에 따라 달라질 수 있다. 사실상 2018년 기준으로 볼 때, 배틀 그라운드와 같은 고사양 게임 때문에 스펙을 높게 설정하는 경우가 일반적이게 되었고, 이에 따른 창업 비용이 늘기도 했다(하지만 그만큼 고객층을 확보할 수 있어서 손해라고는 볼 수 없다). 여기에 그래픽카드나 램 가격이 많이 오르기도 했다.

일단 그에 따른 차이를 감안한 상태에서 시설 비용을 계산한다면 다음과 같다.

시설 비용	한 좌석에 들어가는 비용 (PC, 테이블, 의자, 헤드셋) × PC 대 수

곧 좌석당 얼마가 들어가는지에 PC 대 수를 곱하면 대략적인 시설 비용이 나온다. 물론 여기에 매점 운영을 위한 시설 등의 비용이 추가될 수 있을 것이다.

창업 방법에 따른 비용 차이

PC방 창업을 하는 방법에는 크게 프랜차이즈 창업, 개인 창업으로 나뉘는데, 프랜차이즈를 통한 PC방 창업이 개인이 직접 하는 창업보다 2천만 원에서 3천만 원 정도 비쌀 수 있다(물론 프랜차이즈에 따라 차이가 날 수 있다). 여기에 규모에 따라 20%에서 30% 정도 더 비쌀 수 있다. 물론 앞에서도 다루었듯이 프랜차이즈를 통하지 않고 독립으로 PC방 창업을 하게 되면 PC 스펙 결정에서부터 인테리어, 게임 세팅 등을 직접 해야 한다.

프랜차이즈 창업과 개인 창업 외에도 인수를 통한 창업 비용을 생각해볼 수 있는데, 이때는 일반적으로는 좌석당 얼마인지를 산정하여 매매하게 된다. 그런데 인수를 하는 창업주들은 대개 PC방을 이전에 운영해본 경력이 있기 때문에 인수를 시도하는 경우가 큰데, 이때 '이미 다 갖춰있으니 이것을 토대로 내 능력을 살려보자.'라고 생각하며 단순하게 계산을 해서는 안 된다. 인수 시에도 많은 부분을 확인해야 하는데 대표적인 것이 PC의 스펙이다. 스펙이 낮을 경우 나중에 업그레이드를 위한 비용이 더 들어갈 수 있어서 이 부분을 중요하게 고려해야 한다.

창업자들이 미리 고민해야 할 부분

중소기업청에서 제시한 자료에 따르면, PC방 예비 창업자들이 비용과 관련하여 먼저 파악해야 할 부분은 다음과 같다.

> ✓ 나에게 준비되어있는 자금은 어느 정도인가?
> ✓ 현재 준비되어있지는 않지만 금융기관으로부터
> ✓ 대출 가능한 자금은 얼마인가?
> ✓ 친, 인척으로부터 조달 가능한 자금은 어느 정도인가?
> ✓ 정부 지원 제도를 활용할 수 있는가?

만약 여기서 프랜차이즈를 통해 창업하게 될 경우에는 프랜차이즈와 연계하여 대출을 받게 되겠지만, 개인 창업을 할 경우에는 이 부분을 특히 고려해야 한다. 아무래도 친, 인척으로부터 자금을 빌리는 것은 어느 정도 어려움이 있을 수 있기 때문에 일반적으로 대출을 통해 모자란 자금을 확보하게 되는 것이다.

그리고 위의 네 가지를 모두 고려된 후에 본격적으로 비용에 따른 규모나 인테리어, 시설 비용 등을 계산하면 된다. 좌석 하나당 들어가는 비용이 여기에 따라 달라질 수도 있고, 규모 역시 조절될 수 있다. 즉, 무조건 주변의 말에 휘둘리거나 개인적인 욕심에 휘둘리지 말고 조금 더 현실에 맞게 비용을 투자할 수 있기를 바란다.

PC방 허가 법규
완전 정복

PC방 허가 법규에는 청소년 보호법, 소프트웨어 관련법, 소방 관련법, 금연 관련법을 비롯한 허가 법규가 있고, 그밖에 건축물관리대장 및 전기용량 확인과 관련한 법규가 존재한다. 하나씩 살펴보면 다음과 같다.

* 이런 내용을 수시로 숙지하면서, 위법으로 인해 피해를 보지 않도록 주의하자.

청소년 보호법
공략하기

① 청소년에게 술 담배 판매는 이유를 불문하고 허용되지 않는다

청소년을 대상으로 하여 술이나 담배를 판매하는 것은 철저하게 금지된다. 위반 시, 2년 이하의 징역 또는 1천만 원 이하의 벌금형에 처하게 된다.

② 청소년에게 유해 매체물을 대여하는 것은 금지된다

청소년 유해 매체물을 대여할 수 없으며, 해당 행위를 방치하여서도 안 된다. 만약 19세 미만자에게 유해 매체물을 판매 및 대여하거나 배포할 시, 3년 이하의 징역 또는 2,000만 원 이하의 벌금, 과징금 100만 원에 처하게 된다.

③ 청소년이 PC방을 이용할 수 있는 시간은 제한되어있다

청소년의 경우, PC방 이용은 밤 10시부터 다음날 9시까지 제한된다. 만약 출입하려면 보호자의 출입 동의가 있거나 보호자가 동행해야 한다. 하지만 PC방에서 보호자인지 분명하게 확인하는 것이 어려우므로 사실상 해당 시간에는 무조건 제한되는 것이 일반적이다.

④ 음란물 차단 프로그램을 설치하기

청소년에게 불건전한 게임물 등 정보 제공물이 제공되지 않아야 하는데, 대표적으로 음란한 정보를 차단할 수 있는 프로그램이나 장치가 의무적으로 설치되어야 한다. 아직 음란물 차단 프로그램의 기준이나 지정 여부에 관한 구체적인 규정은 없다(2018년 기준). 문화관광부가 우수한 제품을 선정, 권장할 수 있다고만 규정하고 있을 뿐이다.

한편 음란물 차단 프로그램을 설치하지 않은 경우는 300만 원의 과태료에 처해지게 된다. 설치 여부에 따라 규제를 하므로 미성년자의 출입 여부와 관계없이 설치하여야 한다. 그런데 음란물 차단 프로그램을 설치하고 있을 때, 어떤 종류의 프로그램을 설치하였는가는 단속의 기준이 아니다.

① 불법 소프트웨어란 무엇일까?

기본적 정의: 컴퓨터 프로그램 보호법에 따르면 불법 소프트웨어란 저작권자에게 부여된 권리를 침해하여 제작되거나 사용되는 프로그램을 말한다.

〈불법에 해당하는 사례〉

✔ 불법 복제품을 입수하여 PC에 설치하거나 통신망에 올라온
   정품 프로그램을 별도의 허락 절차 없이 내려받아 복사하는 경우

✔ 불법 복제 프로그램을 컴퓨터에 설치하여 파는 경우

✔ 불법 복제 프로그램을 무상으로 제공하거나 대여하는 경우
   (파일 일부를 수정해도 안 됨)

✔ 저작권자가 허가하지 않았음에도 프로그램을 통신망에 올리거나
   내려받는 경우

✔ 정품을 훼손 및 변질, 분실 등에 대비해 대량 복제하는 경우
   (단, 한 번 정도의 백업은 가능)

② 불법 소프트웨어에는 어떤 것들이 있나?

PC방에서 정품 프로그램 사용은 두말할 필요 없는 사항이다. 그러나 이 부분은 혼동하기 쉬운 것들이 많은데, 철저히 대비하기 위해 불법 소프트웨어의 기준에 대해 알아두는 것이 좋다. 불법 소프트웨어의 종류는 다음과 같다.

상업용 소프트웨어

- 셰어웨어와 프리웨어를 제외한 소프트웨어 대부분을 말한다.
- 해당 소프트웨어 구매는 사용자에게 사용권만을 허락하며, 소유권까지 부여하지는 않는다.
- 단, 상업용 소프트웨어는 컴퓨터 프로그램 보호법의 적용을 받는다 (원본 고장 시, 소프트웨어 복사는 가능)

셰어웨어(shareware)

- 인터넷에서 배포되는 프로그램을 사용해본 후 구매할 수 있는 소프트웨어를 지칭한다.
- 기간이나 사용 횟수가 정해져있다.
- 개인용으로만 사용해야 한다.
- 대표적인 프로그램으로 V3 같은 백신 프로그램이나 그래픽 프로그램 (PAINTSHOP, ACDSEE 등), 유틸리티 프로그램 등이 있다.
- 프리웨어는 기간의 제한이 없으나 셰어웨어는 명시된 기간이 지나면 사용해선 안 된다(기간이 지나면 삭제해야 한다).

프리웨어(freeware)

- 공개 소프트웨어(public domain software)이지만 프로그램 수정은 불가하다.
- 상업적 이익을 위해서는 사용할 수 없다.
- 최종 사용자가 대금을 내야 한다.
- 대표적인 프리웨어로 소스가 공개된 리눅스 운영체제 (알집이나 알씨 등)를 들 수 있다.

③ 불법 소프트웨어를 사용하다 걸리면?

프로그램 보호법 제34조에 따르면 불법 사용 중 적발이 되면 3년 이하의 징역이나 5,000만 원 이하의 벌금에 처하게 된다. 혹은 저작권을 가지고 있는 회사가 민사소송을 제기하는 경우도 있다.

적발되는 상황을 예로 들면 다음과 같다. 만약 PC방을 방문하여 불법 복제 소프트웨어 사용 여부를 조사하다가 걸리면 관계 당국에 고소하게 된다. 이후 해당 PC방은 반드시 소명서를 제출해야 하며, 이를 토대로 합의 과정을 거쳐야 한다. 합의 이후 정품 SW를 구매하는 것은 물론 손해배상금을 저작권사에 제공해야 하며, 어떤 경우에는 언론에 사과문을 게재할 수도 있다. 또한, 저작권과 관련된 교육을 받아야 할 수가 있다(이런 과정을 통해 합의가 이루어진다).

만약 합의가 되었음에도 피해 금액이 많으면 형사처벌이 가능하며, 합의가 이루어지지 못하면 형사처벌 및 민사상 손해배상 청구 소송이 시작된다.

참고로 단속에 포함되는 소프트웨어는 유명 제품들에 제한되지는 않는다. 시중에서 활용되는 거의 모든 소프트웨어가 포함된다고 볼 수 있다.

④ 정품 입증 및 불법 소프트웨어 관리의 방법은?

불법 복제품으로 의심되는 소프트웨어가 있을 때, 정품임을 입증받고 싶다면 어떻게 해야 할까? 기본적으로 정품 CD를 제시하거나 구매 영수증, 거래 내역서, 라이선스 계약서 등을 보여주어야 한다. 만약 입증 자료를 제출하지 못하면 무조건 불법으로 간주한다.

한편 기존에 설치된 불법 복제 소프트웨어를 삭제하는 방법은 원칙적으로 불법 복제 프로그램을 포맷하는 것이다.

참고로 일반인에게는 무료로 배포하지만, 기업은 반드시 구매해야 하는 것도 있는데 일부 바이러스 백신 프로그램은(대표적으로 'V3 플러스 네오') 개인은 무료로 사용할 수 있지만, 기업이 사용할 경우 유료이다.

※ 참고로 소프트웨어 운영 관련 유의 사항을 정리하면 다음과 같다.

윈도우 운영체제	1대 PC에 1개의 정품 인증서와 시리얼 넘버가 필요 요즘은 특히 OS 단속이 심하므로 꼭 구비해야 함
한글 워디안 워드 프로세서	주로 100 유저(USER)용이 제공
V3 백신	주로 100 유저(USER)용이 제공
게임	원칙적으로 1대 PC에 1개 정품이 제공 게임 종류별로 라이선스 조건을 정리해둘 필요가 있음
스타크래프트	인스톨되어있는 수량만큼 CD를 보유해야 함(가상 드라이브 허용)
디아블로	인스톨되어있는 수량만큼 CD를 보유해야 함(가상 드라이브 허용)
OS	1대 PC에 정품 OS가 1개 필요 고유 번호가 PC마다 달라야 함
고객 등록	불법 사용 조사 등에 대비하여 고객 등록을 해야 함

소방 관련법
공략하기

소방필증(허가증)을 받는 것이 특히 개인이 진행하기 어렵다. 반드시 해당 면허가 있는 업자를 통해서만 허가를 받을 수 있다.

이에, 소방 허가 업자를 통할 경우, 일일이 다 알아둘 필요는 없지만 그럼에도 불구하고 반드시 알아야 할 것들에 관해서는 공부해두도록 하자.

첫째, 주 출입구에는 반드시 방화문이 설치되어있어야 한다. 물론 이 문은 항상 닫혀있어야 한다.

둘째, 비상구는 항상 탈출이 용이하도록 해야 하며, 일반인이 언제든 나갈 수 있게 해야 한다(잠가서는 안 된다).

금연 관련법

과거에만 해도 PC방 안에서 담배 냄새가 나는 것은 지극히 당연한 현상이었다. 그러나 이제는 흡연과 관련하여 규제가 강화되었다.

첫째, 2007년 7월 1일부터 담배사업법 개정 법률이 적용되기 시작했는데, 청소년 흡연의 확산을 방지하기 위하여 소매인이 아닌 서비스업을 영위하는 자는 담배를 판매할 수 없다.

둘째, 전국 모든 PC방의 전체 면적 모두 금연 구역으로 지정해야 한다. 단, 관련 조건에 맞게끔 흡연실 설치는 가능하다(참고로 이 내용은 2014년 1월 1일부터 시행된 것이며, 이전에는 순차적으로 개정되었는데 2013년 6월 이전까지는 점포 면적의 50/50으로 흡연석과 금연석을 구분 지어야 했다. 단, 당시에는 흡연석과 금연석 사이 출입문을 설치하여야 했으나 통상적으로 출입문 없이 에어커튼 설치도 가능했다. 한편 이후 2013년 6월 8일부터는 전국 모든 PC방은 전체 금연이 시작되며, 2013년 12월 31일까지 계도활동이 진행되었다).

건축물관리대장에 대해 알아보기

건축물관리대장에서 300㎡(약 90평) 미만일 경우에 제2종 근린생활시설이면 허가가 가능하다(참고로 PC방의 정식 명칭은 '인터넷 컴퓨터 게임 시설 제공업'이다). 단, 300㎡ 이상일 경우에는 판매 시설로 용도 변경이 필요하다(주차장, 정화조 용량, 인접 도로 폭 등의 조건이 필요).

전기용량에 대해 알아보기

PC방에서 50대 기준일 경우 30~40k 정도가 필요할 수 있는데, PC방 자체가 전기를 많이 사용하는 업종이기 때문에 이 부분에 대해 신중을 기해야 한다. 특히 입점 시, 해당 상가의 전기용량을 반드시 확인해야 한다(전기용량은 한전 콜센터 123번으로 전화를 한 후, 확인이 가능하다. 주소 또는 계량기 번호를 말하면 해당 건물 및 층별 전기용량 확인이 가능하다).

만약 전기용량이 부족할 경우에는 전기 증설이 반드시 필요하며 이때 비용이 많이 발생할 수 있다. 구체적으로 간선 교체할 경우, 건물 계량기에서 점포 내 메인 차단기까지 교체해야 한다.

혹은 지중 공사를 해야 할 경우가 있는데, 지중은 전신주가 없거나 공중으로 불가한 경우 땅을 통해서 건물로 전선을 연결하는 공사이므로 공중에 비해 공사 비용이 많이 발생한다. 1k당 16만 원의 공사 비용이 발생한다고 보면 된다. 여기서 1k당 공사비에는 한전 납입금이 포함되는데, 1k당 약 74,000원이다.

다음으로 공중 공사를 해야 할 경우가 있는데 지중과 마찬가지로 1k당으로 공사비가 발생하며, 1k당 대략 13만 원 정도 발생한다. 비용도 저렴하지만, 공사 자체가 지중에 비해 수월하다. 참고로 여기서도 지중 공사와 마찬가지로 1k당 공사비에는 한전 납입금이 포함되는데, 1k당 약 74,000원이다.

한편 건물의 들어오는 총 전기용량이 70k 이상일 경우에는 전기를 관리하는 전기 안전 관리자를 뽑아야 한다. 이때, 주의할 것은 70k 미만이어도 아슬아슬할 경우에는 안전 관리자를 선임해야 한다는 사실이다. 가령 69k 사용하고 있는 건물에 PC방을 공사하게 되면 전기 증설을 해야 하는데, 여기서 70k가 넘어가게 될 수 있어서 미리 안전 관리자를 정할 필요가 있다. 일반적으로 안전 관리자 비용은 건물주나 임차인이 나누어 부담하기도 하지만, PC방의 필요로 선임된 것이라면 PC방 운영자가 비용을 부담할 수도 있다.

chapter 04

PC방 점포 선정
완전 정복

점포 선정을 위한 준비

PC방 운영 전 자신의 예산에 적합한 상권의 시장조사를 통해 경쟁 점포와 주요 손님을 분석해야 하는데, 총 다섯 가지로 정리할 수 있다.

첫째는 광고매체 및 언론 매체 통한 사전 조사 등을 통해 점포의 정보를 수집하는 것이다. 둘째는 후보 점포를 조사하는 등 현장 조사를 진행하는 것이다. 셋째는 지리적 여건 및 입지 전반에 걸친 특성 파악하는 등 입지 조사를 하는 것이다. 넷째는 주변 상권 및 지역 정보 특성을 파악하는 것이며, 다섯째는 점포 수 등 경쟁자를 조사하는 것이다.

✔ 점포 정보 수집 : 광고매체 및 언론 매체 통한 사전 조사
✔ 후보 점포 조사 : 현장 조사 필요
✔ 입지조사: 지리적 여건 및 입지 전반에 걸친 특성 파악
✔ 상권: 주변 상권 및 지역 정보 특성 파악
✔ 경쟁 점포 조사: 점포 수 등 경쟁자 조사

상권 입지 분석
단계별 기법

입지는 업종마다 다르기 때문에 사업 아이템에 맞는 입지를 선택하는 것이 매우 중요하다. 단계별로 살펴보면 다음과 같다.

첫 번째 단계는 상권 내의 지역 정보를 분석하는 것이다. 특히 상권의 규모 및 상권의 영향력과 상권의 특성을 분석해야 한다. 구체적으로는 유동 인구, 거주 인구 연령, 성별, 소비수준, 생활 방식 등을 조사할 필요가 있다.

두 번째 단계는 상권 및 입지 분석도를 작성하는 것인데, 이때 상권 이용 세대수, 인구수를 표시해야 한다. 그밖에 정류장이나 횡단보도 같은 교통 기관별 표시, 금융기관, 대형 마트, 관공서 등과 같은 시설도 함께 표시해야 한다.

세 번째 단계는 점포 입지를 심층 분석하는 것이다. 이때 점포의 위치에 대한 특성을 알아야 하는데, 구체적으로 점포의 임대 비용과 권리금, 점포의 구조와 모양 등을 분명하게 조사해야 한다.

네 번째 단계는 점포 입지의 타당성을 분석하는 것인데, 매출액을 추정하는 것뿐만 아니라 투자 대비 수익률도 분석할 수 있어야 한다.

다섯 번째 단계는 최종 단계로 점포 계약을 실제로 체결하게 된다.

단계	내용
제1단계	지역 정보 분석
제2단계	입지 분석도 작성
제3단계	입지 심층 분석
제4단계	입지의 타당성 분석
제5단계	계약 체결

점포 분석 방법

먼저 현장 조사를 할 경우에는 꽤 유동적인 변수들이 많이 나타날 수 있다. 가령 다양한 지역 내, 혹은 사회 전체 이슈로 인하여 인구가 단기적이고 급격하게 유동적일 수 있다. 가령 날씨나 특정 행사가 있는 날 현지 조사를 통해 얻은 정보들은 신뢰할 수가 없다. 이것은 예상 매출액과 같은 정보들을 분석할 때도 적용되는데, 이때 불확실한 상황을 최소화해야 실패의 위험을 줄일 수 있다. 결론적으로 유동 인구가 가지고 있는 특성을 감안하여 정확한 분석을 해야 하며, 목표 손님의 수가 어느 정도 될 수 있을지를 고려해야 한다.

다음으로 임대 시세를 확인할 경우에는 권리금(상가 등을 빌리는 사람이 빌려주는 사람에게 지불하는 임차료)은 임대차계약 동안의 사업 수익으로 충분히 충당될 수 있을 정도로 한정하여야 한다.

또한, 경쟁 점포를 분석할 때는 동일 업종의 점포만이 경쟁 점포가 아니라 해당 점포의 단골손님이 방문하는 점포는 모두 경쟁 점포가 될 수 있음을 기억해야 한다. 그런 차원에서 볼 때, 경쟁 점포가 많이 있다고 하더라도 업종이 밀집되어있는 지역이거나 상권이 크다면 입점해도 무방하다.

성공적
PC방 점포 선정을 위한 지침

첫 번째 지침은 점포의 임대 가격이 적당한지를 확인하는 것이다. 구체적으로 보증금 및 임대료를 주변 임대 시세에 비교해야 하는데, 기본적인 방법으로 주변 상권의 확대, 축소 등 주변 개발 정보를 분석하여 참고해야 한다. 특히 온라인 사이트를 활용하는 것도 유리한데, 최근에는 임대 시세나 월세 등과 같은 정보가 상세하게 나와있어 확인하기가 편해졌다.

두 번째 지침은 교통이 편리한지를 확인하는 것이다. 특히 대중교통으로 접근하기에 편리한지를 살펴야 한다(지하철, 버스노선이 많은지를 확인한다). 참고로 손님은 대중교통, 백화점, 대형 할인점 등과 같이 사람이 많이 모이는 곳을 선호한다는 사실을 기억해야 한다.

세 번째 지침은 주변에 경쟁 점포가 어떠한지를 확인하는 것이다. 처음부터 정확히 파악하기는 어렵겠지만 대략 예상되는 경쟁사 이용객 수, 이용 계층, 가격대, 점포 구성의 장단점을 파악해야 한다.

네 번째 지침은 접근성이나 가시성을 고려하는 것이다. 점포 위치는 목표 고객층의 이동 경로와 인접한 위치에 인접하여 있는 것이 좋으며, 건물, 간판 등이 주변에서 잘 보여야 한다. 특히, 전면이 넓은 것이 좋다.

다섯째 지침은 고객층이 충분하며, 이동 경로를 확보하기에도 유리한지를 확인하는 것이다. 이때 아파트 세대수가 많고 유동 인구도 많은 것이 가장 좋은 조건이 돌 수 있다. 또한, 고객층이 학생인 경우에는 인근의 학교 위치, 전체 학생 수, 등하교 시간대별 이동 경로 등을 추정하여 예상 매출을 산출할 필요가 있다.

PC방 추천
입지 상권 지역

① PC방이 위치하기에 좋은 입지

　환경적인 조건으로는 대형 사무실 밀집 지역보다는 중소형 사무실이 많은 곳, 주변의 편의 시설이 많은 곳(영화관, 오락 시설 등), 주변에 버스나 지하철이 있는 곳이 좋다.

　또한, 출근보다는 퇴근길 동선에 유동 인구가 많은 위치나 약속 장소로 접근하기 편한 곳, 혹은 주변에 노점상들이 많은 지역도 유리하다.

　그밖에 정면이 아닌 양방향으로 볼 수 있는 점포(건물 코너), 대규모 아파트 단지의 중심 상권, 지형이 높은 곳보다는 낮은 지대의 중심 지역, 권리금이 적정하게 형성된 곳이 좋은 지역이라고 할 수 있다.

　참고로 가장 유리한 상권은 역세권과 대학가인데, 그 이유는 다음과 같다. 우선 역세권은 도심 한복판처럼 번화한 곳도 아니며, 아파트나 주택단지처럼 주민들이 밀접한 지역도 아닌 특성을 보유하고 있다. 또한, 유동 인구가 많은 지역이기 때문에 사람들이 PC방을 쉽게 찾을 수 있고, 주변에 외식업이 있기 때문에 시너지 효과를 노릴 수도 있다.

　한편 대학가가 유리한 것은 이용 고객의 상당수가 대학생이기 때문이다. 이들은 주야간 구분 없이 PC방을 자주 찾는 데다가, 학기 중에는 안정적인 매출을 유지할 수 있다(물론 방학 중에는 매출이 급감하는 현상이 발생할 수 있다).

② PC방이 피해야 할 지역

먼저 자신의 업종이 건물주와 유사한 업종의 점포인 경우, 자주 주인이나 업종이 바뀌는 점포인 경우는 피하는 것이 좋다. 특히 동종 업종으로 대형 점포 옆에 작은 점포를 창업할 때 불리할 수 있다.

건물과 관련하여서는 시세보다 권리금 없이 임대료가 너무 싼 경우, 특수 목적의 상가, 과대광고와 분양을 하는 대형 빌딩 내, 건물이 서로 마주하지 않고 홀로인 건물일 때도 좋은 입지가 아니다.

그밖에 주변에 식당이 없는 경우, 경사지거나 높은 언덕의 입지, 신축 건물이나 신도시, 상권이 유동 인구에 비해 너무 확대된 지역 역시 피하는 것이 좋다. 특히 유동 인구는 많지만 머물지 않고 그냥 지나치는 지역 역시 불리하다.

임대차 계약 관련
확인 사항

마지막으로 위치 선정과 관련하여 알아야 할 행정 절차가 있는데, 바로 임대차계약이다. 이때 입지 타당성 검토 투자비(임대료, 시설비, 권리금 등)를 고려하여 임대차계약을 하게 된다. 이 부분을 간단히 정리하면 다음과 같다.

① 계약 전 확인

이때 확인해야 할 서류는 다음과 같다.

- 토지등기부 등본 / 건물등기부 등본
- 토지대장 / 건축물관리대장
- 도시계획 확인원
- PC방 허가 기준

② 계약 체결 시 유의 사항

소유주와 계약 체결 시 등기부 등본상의 소유주와 임대차계약을 체결하게 되며, 대리인이 출석한 경우 소유자의 대리권에 관한 위임장 및 인감증명서를 확인하고, 신분증을 통해 적정한 대리인인지 확인하게 된다. 실제 소유주라 할지라도 대리인과 같은 확인 절차가 필요하다.

③ 계약 내용 확인

확인해야 할 사항은 다음과 같다.
- 물건 확인
- 임차 기한 확인
- 임대료 및 납부 방법 확인
- 중도 해약 조건 확인
- 권리금 양도 조항 확인
- 건물 하자 보수 조건 확인
- 계약 갱신 조건 확인

④ 채권 확보 대책 마련

보증금 및 권리금에 대한 권리 확보 대책 마련 필요한데, 일반적으로 공증 및 전세권 설정 등의 방법을 쓴다.

PC방 세무 신고
완전 정복

**잘 알고
잘 내자**

어떤 사업이든 세금을 '잘' 내야 한다. 여기서 잘 내야 한다는 것은 두 가지를 의미한다. 하나는 정직한 자세로 납부를 어기지 말아야 한다는 것이고, 또 하나는 헛되이 돈을 버리지 말아야 한다는 것이다. 곧 대한민국의 국민으로서 납세의 의무를 다하되, 미련하게 불이익을 당해서도 안 된다는 것이다. 불이익을 당하지 말아야 한다는 것은 다른 게 아니다. 부지런하게 매입 절차를 밟는 등 성실하게 관리를 하라는 뜻이다. 그러면 세금도 버리는 돈 없이 지혜롭게 낼 수 있다.

한편 PC방 특성상 일반과세자나 간이과세자 중 하나에 속하는데 세금은 별 차이가 없다. 일반과세자는 신고 시 15만 원에서 30만 원가량을 납부하게 되며, 간이과세자는 신고 시 5만 원에서 20만 원가량을 납부하게 된다. 하지만 반년에 한 번 내기 때문에 차이는 크지 않다. 그럼에도 창업자 입장에서는 일반과세자로 할 것인지 간이과세자로 할 것인지를 두고 고민을 하게 되는 경우가 많다(기본적으로 일반과세자는 '1년간의 매출액이 4,800만 원 이상이거나 간이과세 적용이 배제되는 사업 또는 지역에 해당하는 경우'에 해당하며 간이과세자는 '1년간의 매출액이 4,800만 원 미만이거나 간이과세 적용이 배제되는 사업 또는 지역에 해당하는 경우'에 해당한다).

그런데 만약 인테리어 및 컴퓨터 둘 중 하나라도 부가세를 포함했다면 일반과세자로 신고하는 게 좋다. 일단 부가세를 포함했을 경우에는 환급을 받게 되는데, 간이과세자로 신고하시면 환급이 되지 않기 때문이다.

참고로 언급하자면, PC방은 대개 일반과세자로 사업자등록을 하게 되며 부가가치세와 종합소득세를 납부하게 된다. 납부할 때는 홈택스를 이용하면 전국 어디서나 인터넷을 통하여 신고, 납부, 증명발급 등 신속히 처리할 수 있다(http://www.hometax.go.kr).

그리고 간이과세자의 경우 6개월간의 매출액이 1,200만 원에 미달할 때에는 부가가치세를 납부하지 않아도 된다.

부가가치세 신고 의무

부가가치세법은 1년을 6개월 단위로 나누어 달력상 1월부터 6월까지를 제1기, 7월부터 12월까지를 제2기로 구분하고 있다. 이렇게 1년에 두 번 부가가치세 신고 납부하게 되는데, 1월 1일~6월 30일 동안의 과세기간에 해당하는 것을 7월 1일~25일에 신고하게 되고, 7월 1일~12월 30일 동안의 과세기간에 해당하는 것을 다음 연도 1월 1일~1월 25일에 신고하게 된다.

부가가치세 신고는 예정신고와 확정신고로 구분하고 있는데, 대부분의 PC방은 개인 사업자로서 예정신고 의무가 면제되므로 확정신고 납부 의무(7월 25일과 1월 25일)만 있다. 다만, 예정신고 때에는 세무서에서 예정 고지세액을 고지하므로 신고 의무는 없지만, 납부 의무는 있다.

부가세 신고의 방법에 대해 살펴보면 크게 두 가지가 있는데, 국세청 홈페이지로 가서 신고하거나 세무 대행에게 신고를 대행할 수 있다. 물론 대행할 경우에는 대행비가 드는데, 반년에 3만 원 정도 대행비가 든다.

구분	사업연도	신고 및 납부 기간
1기 부가가치세 신고	1월~6월	당해 7월 25일까지
2기 부가가치세 신고	7월~12월	다음 해 1월 25일까지
종합소득세 신고	1월 1일~12월 31일	다음 해 5월 31일까지

부가가치세 납부 세액

부가가치세는 매출 세액에서 매입 세액을 제외한 금액을 말한다. 여기서 매출 세액은 재화나 용역을 공급한 경우에는 공급가액의 10%를 말하며, 간이과세자의 경우에는 부가가치세를 포함한 매출액의 3%를 말한다. 또한, 매입 세액은 점포 운영을 위해 재화나 용역을 매입할 때 생기는 것을 말한다. 대표적으로 컴퓨터 구매, 인테리어 비용, 리니지 및 게임 사용료 등에 따르는 세액을 말한다. 매입 세액은 매입 금액의 10%이며 간이과세자는 세금계산서상 매입 세액의 3%를 말한다.

게임방 및 PC방 매출 세액은 전부 현금 매출인데, 현금 매출은 세무서에서 확인이 힘들어 납세자가 누락시키는 사례가 많아 국세청에서 유료 게임 사용 시간 등에 시간당 사용료를 곱하는 방법 등을 통해 역추적하기도 하고, 업종의 부가율 또는 표준 소득률을 기준으로 소득을 추계하기도 한다. 따라서 부가율이나 표준 소득률에 미치지 못하게 소득 계산이 되었을 경우 관세 당국의 관찰 대상이 되어 최악의 경우 세무조사 등의 불이익이 따를 수 있으므로 각별히 주의가 필요하다.

**종합소득세
신고**

종합소득세는 1월 1일~12월 31일에 해당하는 것을 그다음 연도 5월 31일까지 신고하게 된다. 소득세는 벌어들인 소득에 대해 납부하는 것인데, 이때 소득은 수입에서 비용을 차감된 금액이다.

① 이미 확정된 사항

수입 금액 및 비용 중에서 세금계산서 수취 금액은 부가가치세를 신고할 때 이미 확정된 상태이고, 지급명세서로 신고된 일용 급여 역시 이미 확정된 것이라 볼 수 있다.

② 추가해야 할 사항

위의 항목을 제외하고 종합소득세 신고 때 추가할 것은 기타 간이 영수증 등의 비용이다.

③ 매출액이 7천5백만 원 미만인 경우

간편장부에 의해서 소득세 신고를 할 수 있다. 이때 만약 장부를 정리하지 않았다면 법에서 인정되는 경비율(단순 경비율 56.2%, 기준 경비율 23.4%)로 추계로 신고하면 된다.

　그러나 단순 경비율 등을 이용하며 손실이 발생해도 세금을 납부
해야 할 수 있다(20%의 가산세 부담이 생김).

※ 따라서 연간 매출액이 7천5백만 원 이상인 경우에 세무 대리인에게
　의뢰하는 것이 좋다.

매출별 세금 관리

① PC 이용 시간 매출

　이용 시간을 기준으로 요금을 내는 이용 요금 매출인데, 현금 비
중이 높다. 따라서 매출을 누락하기 쉬우며 누락되는 경우가 없도록
각별히 신경 써야 할 필요가 있다.

② PC방 내 샵인샵 관련 매출

　PC방 내 음식 관련 편의 시설 업체가 들어올 경우, 해당 업체로부
터 임대료 등의 수익을 받게 된다. 이곳에서 받는 임대료를 누락하지
않고 신고해야 한다.

③ 푸드나 음료 관련 매출

　먹거리를 판매하여 발생하는 매출도 고려해야 하는데, 이 역시 현
금 매출 비중이 높다. 특히 최근에는 음식 관련 세금계산서로 역산
하여 매출 추적을 하므로 매출이 누락되지 않도록 주의해야 한다.

① 임대료 및 공과금 관련

임대료와 관련해서는 고정비용으로서 세금계산서를 수취하여야 부가세신고 시 매입세액공제를 받을 수 있다. 한편 관리비, 경비업체, 통신 요금 등으로 지출되는 사용료는 이용자를 사업자로 전환하면 세금계산서를 수취하여 매입세액공제를 받을 수 있다.

② 소프트웨어 사용료 관련

각 게임 회사에 지불하는 이용료를 소프트웨어 사용료라고 하는데, 여기에도 세금계산서가 발행된다. 이용 횟수와 시간에 따라 사용료가 부과되므로 철저히 매출 신고를 해야 한다.

③ 초기 비용 관련

시설 및 인테리어와 관련해서는 초기 비용이 막대하게 들어가는데(인테리어, 에어컨, 조리 기구 등), 이때 반드시 적격 증빙을 수취하여야 한다. 그래야 향후 사업연도에 감가상각 동안 경비로 인정받아 종합소득세를 낼 때 감세 효과가 있다.

④ 기기 구매 및 업그레이드 관련

PC 구매 비용 및 소프트웨어 업그레이드 비용은 PC방 매입 중 가장 크게 차지하는 비용이다. 특히, 이것은 정기적으로 들어가는 사항이므로 반드시 적격 증빙을 수취하여야 한다.

⑤ 기타 비용 관련

직원의 복리후생비 및 소모품 등과 관련하여 사업용 신용카드, 현금영수증을 사용하면 매입세액공제 및 비용 처리가 가능하다.

세금을 절약하기 위한 Tip!
- 매입 자료를 잘 받기

TIP 인테리어 비용과 컴퓨터 및 소프트웨어 구매 비용 관련: 반드시 세금계산서를 받아서 매입세액공제를 받는다.

TIP 간이과세자는 매입세액공제액이 거의 없어서 세금계산서를 받지 않는 경우가 많다. 그리고 연 매출이 4,800만 원 이상이면 일반과세자로 전환(다음 해 2기부터)되는데, 전환되는 때에 매입 세액을 공제받을 수 있다.

TIP 음료 등을 대형 할인 점포 등에서 구매하고 신용카드로 결제한 후 신용카드 매출전표 등에 공급받는 자와 부가가치 세액을 별도로 기재하면 매입 세액을 공제받는다.

TIP 임차료 등을 지급할 경우 세금계산서를 반드시 받아 매입세액공제를 받을 수 있게 한다.

PC방 재무관리
완전 정복

점포의 경영 성과를 분석할 때 한 가지의 성과 지표만 사용하면 전체적인 상황이 반영되지 못한다. 이에 상황에 맞는 지표를 활용할 줄 알아야 한다. 중소기업청에서 제공한 「소상공인 업종별 가이드 인터넷 PC방」에서 제공하고 있는 내용을 참고하여 정리하면 다음과 같다.

① 객단가 분석

객단가 분석=PC 좌석 수 회전율 1인 구매 단가(객단가)

② 인당 매출액

인당 매출액=매출액 종업원 수

③ 평당 매출액

평단 매출액=총매출액 점포 면적

④ 재고자산 매출총이익률

재고자산 매출총이익률=매출총이익 평균 재고액 100
(재고자산 매출총이익률은 상품 결정에 대한 수익을 평가한다.
또한, 개별 상품의 기여도를 객관적으로 평가하기도 한다.)

⑤ 매출원가율

매출원가율=매출원가 매출액 100

(매출원가율은 총매출액 중 매출원가가 차지하는 비중이다. 한 단위의 수익을 올리기 위해 얼마만큼의 비용이 드는지를 파악하는 것이라 할 수 있다.)

⑥ 소비 시장 분석 지표

소비 시장 분석 지표=시장 규모 시장점유율

(여기서 소비 시장은 각 업체의 하루 매출액을 조사함으로써 파악할 수 있다. 가령 평균 하루 매출이 50만 원이고 열 곳의 업체가 영업을 하고 있다면 그 지역에서 하루 5백만 원의 소비가 발생한다고 볼 수 있다. 이때 자기 점포를 포함하면 11개 업체가 되므로 45만 원가량의 매출을 올리게 되는 것이다.)

　손익분기점은 총매출액과 총비용이 일치하여 손실이나 이익이 발생하지 않는 매출액을 말한다. 손익분기점보다 많이 판매할 경우 이익이 발생하며 반대로 손익분기점보다 적게 판매하면 손실이 발생한다.

구분	산출 방식 (월 기준)
매출액(S)	실제 월평균 매출액
변동비(V)	원재료비
	전기, 전화, 수도비
	기타
고정비(F)	월 임차료
	종업원 급여
	지급 이자
	기타(감가상각)
변동 비율	변동비(V)/매출액(S)
손익분기점 매출액	F/(1−V/S)
손익분기점 비율	손익분기점 매출액/실제 매출X100

PC방 아르바이트생
구하는 방법 완전정복

PC방에서 절대적인
아르바이트생의 존재감

PC방은 점주 혼자서는 운영이 불가능하다. 아르바이트생(이하 알바생)을 적어도 한 명 이상은 고용해야 한다. 최근에는 무인 선불기의 등장으로 아르바이트생 없이도 자리 예약이 가능했지만, 기본적인 서비스와 푸드 관리와 위생 관리 등을 고려하면 알바생의 존재감을 떨쳐버릴 수 없다.

특히 PC방에서는 사실상 점주보다 알바생의 역할이 크다 보니, 한 명을 뽑더라도 제대로 잘 뽑아야 한다. 실제로 똘똘한 알바생 하나면 열 직원 안 부러울 정도가 된다. 100대의 규모 정도에도 알바생 두 명이면 충분하다(물론 그보다 훨씬 더 클 경우에는 수익에 따라 더 두기도 한다).

그런 차원에서 알바생을 제대로 뽑는 것부터가 점주에게는 험난한 일일 수 있다. 막중한 임무가 있는 알바생을 어떻게 해야 잘 뽑을 수 있을까? 그리고 어떻게 관리해야 할까? 열 길 물속은 알아도 한 길 사람 속은 모른다는 말이 있듯, 아무리 좋은 매뉴얼에 따라 사람을 골랐다고 해도 어떻게 변할지 모르는 게 현실이다. 실제로 아무런 문제 없는 알바생이었는데 갑자기 잠적하는 경우(간혹 돈을 들고 튀는 경우도 있다)가 있다. 그래서 갑작스러운 펑크에 점주가 1인 2역을 하는 비상 체제로 돌입해야 하는 경우가 비일비재하다. 반대로 처음에는 미숙하다 싶었지만, 점점 프로 정신을 발휘하여 PC방의 운명을 바꾸어놓는 경우도 있다. 그러니 첫인상이나 각종 체크리스트에만 의존할 수는 없다. 이에 위험을 줄이려면 어느 정도 기준을 가지고 알바생을 뽑을 필요가 있다.

알바생 채용을 위한 일반적인 매뉴얼

여기서는 채용 시에 필요한 행정적인 부분과 알바생을 고를 때 눈여겨보아야 할 것 등에 대해 다루어보도록 하겠다.

앞서도 언급했든 어떤 알바생이 최고의 인재인지 여기서 다 설명할 수는 없다. 그러나 위험을 줄이기 위해 반드시 확인해야 할 사항만큼은 꼭 기억해두길 바란다. 특히 채용에 대한 경험이 전무한 창업주들이 있을 수 있는데, 그들 역시 이 내용을 통해 막막함을 조금이나마 덜어내길 바란다.

먼저, 채용은 지인의 지인이 좋다. 곧 믿을만한 가까운 지인이 추천해주는 사람이 좋은데, 그것이 어렵다면 스마트폰 앱이나 인터넷 구인·구직 사이트, 혹은 공공 기관, 전문 학원을 통해 구할 수 있다.

이때 주의할 사항이 있는데, 먼저 근무 조건을 명확히 제시하여 이해할 수 있게 해야 하며 되도록 단기 알바의 성격보다 장기 취업의 개념으로 채용해야 한다. 근무 조건은 크게 채용 조건(정규 직원, 아르바이트, 시간제), 보수 형태(시급, 일급, 월급) 등인데, 이 부분에 대해서 합의가 먼저 이루어져야 한다. 특히 최저임금 이하가 되지 않도록 해당 연도의 최저임금법을 기준을 확인해야 한다.

채용 시에는 신분 확인을 위해 필요 서류를 받는 것을 걸러서는 안 되며, 이직이 잦은 사람의 경우에는 채용하지 않는 것이 좋다. 이 밖에도 근로기준법에 따라 구비해야 할 서류가 있는데, 근로계약서와 연소자증명서다. 아무리 지인의 지인이라고 해도 이 단계를 뛰어넘어서는 안 되며, 점주인 고용주는 근로계약서 작성 후 보관해야 하고, 알바생인 근로자는 고용주에게 교부할 의무가 있다. 또한, 대부분이 젊고 어린 연령대에서 알바생에 지원하는 경우가 많은데, 이때 부모님 동의서 및 연령증명서를 교부 및 보관해야 한다. 참고로 취업 최저 연령인 15세 미만인 자는 근로자로 근무할 수 없다. 한편 18세 이상의 여성이 오후 10시부터 오전 6시까지의 시간 및 휴일에 근로하기 위해서 근로자의 동의를 받아야 한다는 기본적인 사실도 숙지해 두도록 한다.

또한, 일종의 서비스직이기 때문에 친절함이 없거나 표정이 어두운 경우에는 채용하지 않도록 한다. 그 밖에도 PC방 운영 관련 필요한 기술을 습득하고 있는 사람이 좋고, 행여 이 부분에서 조금 부족함이 있더라도 바른 성품을 지니고 있고 열심히 배우려는 자세가 있다면 채용해도 좋을 것이다.

채용 후,
지속적인 교육이 필요하다

종업원에게 실시해야 할 초기 교육은 기본적인 PC 사용 방법, 게임 콘텐츠 사용 방법, 고객 응대 예절, POS 시스템 사용 방법, 상품 진열 및 보관 관리 방법 등이다. PC방 아르바이트 경험이 있는 사람에게는 조금 수월하겠지만 처음 도전하는 알바생에게는 초기 교육에 각별히 신경 써야 한다. 그리고 초기 교육에 그칠 것이 아니라 지속적으로 숙지하고 있는지에 대한 확인도 필요하다. 만약 PC방의 특성상 알바생이 자주 바뀐다면 점주만의 교육 매뉴얼을 준비해둘 필요도 있을 것이다.

한편, 알바생의 동기부여를 위해서도 노력해야 하는데, 성과에 대한 보상 체계를 마련할 필요가 있고 복리후생을 위해서도 노력해야 한다. 알바생이라고 해서 복리후생에 무심한 경우가 있는데, 알바생이 PC방에 기여하는 역할을 상기하면서 최적의 환경에서 일할 수 있도록 적극적으로 지원해주어야 한다. 점주가 먼저 알바생의 근로 환경을 노력하는 만큼 알바생은 PC방을 위해 더 많이 헌신할 수 있다. 알바생 스스로 의무를 다하는 것도 중요하지만, 점주가 먼저 노력한다면 더 큰 시너지를 이끌어낼 수 있을 것이다.

차별화된 프랜차이즈 사례
스타덤 PC방

차별화된 프랜차이즈 사례
스타덤 PC방

모든 창업에서 간과해서는 안 될 것이 '기본'과 '기초'다. 기초가 탄탄하게 잡혀있지 않거나 기본기가 결여되어있으면 겉이 아무리 화려하다 할지라도 금세 흔들리고 사라져버린다.

그런데 기본, 기초가 중요하다는 사실에서 착각해서는 안 될 것이 있다. 모든 사업에서 기본이나 기초가 중요하다지만, 이것만으로도 충분하다는 생각은 버려야 한다는 사실이다. 기본과 기초가 다져졌다면 그다음부터는 경쟁력 싸움에 돌입해야 한다.

여기서 기본과 기초는 '남들도 다 하는 것'이다. 그마저도 없으면 큰 문제지만 그것이 있다고 안심하는 것은 금물이다. 안심하면 바로 도태된다. 특히 사업을 키워가는 것은 직장 생활에서 일하는 것과 완전히 다르다. 어쩌면 직장 생활에서의 일은 기본만 잘 지켜도 오래갈지 모른다. 발전이 없더라 하더라도 중간은 유지해나갈 수 있다. 그러나 사업에서는 기본만 지켰다가는 하향 곡선을 타게 된다.

그렇다면 경쟁력을 키우기 위해 무엇을 해야 하는가? 경쟁력은 곧 차별화 공략을 쓰는 것이다. 기본과 기초가 남들 하는 것만큼을 하는 것이라면, 경쟁력과 차별화는 남들이 안 하는 것, 못 하는 것을 노리는 것이다.

만약 남들과 다른 그 무엇인가가 소비자의 마음을 움직인다면 그 때부터 그 사업은 날개를 달게 된다. PC방은 창업하고 운영해나가는 과정에서 역시 이런 요소들이 중요하게 고려된다.

특히나 PC방이 비슷비슷해보이고 거기서 거기라고 느끼기 쉬운 현실 속에서 우리만의 경쟁력 있는 거리를 발굴해내고 발전시켜나가야 한다. 대표적으로 오늘날 PC가 고사양화 되면서 PC의 본래 기능만으로는 더 이상 경쟁이 어렵게 되었다. 그러기에 이제는 PC 부품에 대한 투자만 가지고는 살아남기 어렵다. 브랜드마다 특화된 것들을 찾아내어야 한다.

이제 부록에서는 몇 가지 차별화 전략으로 손님과 가맹점을 우선하는 프랜차이즈 본사인 스타덤 PC방을 소개하도록 할 것이다. 대표적인 차별화 내용을 중심으로 소개하자면 다음과 같다.

스타덤 PC방의
차별성

01 PC방의 산증인이
대표를 역임하고 있다

    스타덤 PC방 임태주 대표는 1997년부터 PC방 일을 해온, PC방 1세대다. 그야말로 PC방의 산증인이라 할 수 있다.

그는 이 시기부터 프랜차이즈 회사 일을 시작했고, 지금까지 20년 넘도록 PC방 창업 컨설팅, 영업부장, 영업상무, 총괄상무와 관련 일을 진행해왔다. 그리고 2015년, 타 브랜드와 차별화된 경쟁력을 가진 스타덤PC 브랜드를 탄생시켰다. 아마도 국내 PC방 프랜차이즈 본사 대표 중 상당수가 임태주 대표로부터 PC방 사업의 정체성과 방향을 전수받았던 후배들일 것이다.

더불어 임태주 대표는 상생하는 경영 마인드를 가지고 있는 인물로, 가맹점과 고객이 함께 사는 방안을 늘 고민한다. 이러한 그의 마인드는 건강하고 지속 가능한 발전의 동력이 되고 있다.

키보드, 마우스, 헤드셋 등 위생 관리에
PC방 손님 입장에서 투자를 아끼지 않는다

스타덤만이 가지고 있는
UV클린데스크

컴퓨터 키보드에 변기보다 최고 50배 정도 많은 세균이 살고 있다는 보도가 나온 후 PC방 위생에 대한 심각한 우려가 제기되기 시작했다.

이와 관련하여 스타덤 PC방의 경우에는, 조금 더 고민하고 근본적으로 해결할 방법을 강구했다. 기존의 물걸레나 물티슈만을 가지고는 해결되지 않았던 위생 문제, 그리고 여전히 키보드 청결 상태를 의심하며 우려하는 손님들의 염려 등을 떠올리며 끊임없이 고민했다.

결국, 자체적으로 살균할 수 있는 시스템이 마련되지 않으면 세균으로부터의 해방은 어려우리라 보았다. 그리고 쾌적하고 건강한 환경의 연구 개발에 집중한 결과, 살균 시스템인 'UV클린데스크'를 탄생시킬 수 있었다.

구체적으로 UV클린데스크는 스마트 센서를 통해 PC 사용 전후를 자동으로 인지해, 1분간 키보드와 마우스를 살균 소독하는 시스템이다.

이 UV클린데스크는 살균력은 물론, 활용 자체가 간단하다. 알바생의 도움을 받을 필요도 없이 그냥 해당 위치에 키보드와 마우스를 넣기만 하면 된다. 그러면 알아서 소독을 해주고 알아서 끝난다.

특히 이것은 그 어떤 곳에서도 개발하지 못했던 것으로 현재 스타덤 PC방이 다수의 특허권을 보유하고 있다. 따라서 무단 도용 시 특허법 제225조 침해죄에 해당하여 7년 이하의 징역 또는 1억 원 이하의 벌금형에 처할 수 있는 것은 물론, 유사한 제품도 개발하여 사용할 수가 없다.

만약 이런 형태의 살균 시스템을 활용하려면 무조건 스타덤 PC방이라는 브랜드를 달아야만 한다. 실제로 이 시스템이 달린 책상만 쓰면 안 되냐는 문의가 오기도 하지만 이 시스템 제공은 가맹점에 대한 혜택이기 때문에 불가능하다.

이처럼 다른 곳에서 문의가 지속될 정도로, 위생 관리에서 경쟁력을 찾고자 했던 전략은 많은 이들의 환심을 사기에 충분했다. 무엇보다 손님들의 위생과 안전, 만족도를 고민했기에 다른 창업자들과 관계자들의 눈길을 끌게 할 수밖에 없었다.

물론, 이것을 개발하고 보급하는 데 적지 않은 투자가 되었던 것만은 사실이다. 그렇게 부담이 될 수 있었지만 그럼에도 스타덤 PC방은 PC방이 넘어야 할 숙제인 키보드 위생 문제를 근본적으로 해결하기 위해서라면 반드시 투자해야 한다고 생각했다.

실제로 PC방에 대한 차별화 전략을 시도할 때 VR방이나 공포 하우스와 같은 다양하고 박진감 있는 체험형 아이템을 만들거나 그밖에 다른 요소들로 손님들을 공략하려는 경우가 있는데, 스타덤은 일단 살균과 위생에 우선적으로 집중했다. 그리고 그 기본적인 과제를 해결하자, 자연스럽게 경쟁력을 얻게 되었다.

◀ UV클린데스크 특허증

▼ UV클린데스크

PC방용 헤드셋
개별 살균 소독처리기

스타덤 PC방에서 특허 출원 중인 PC방용 헤드셋 개별 살균 소독 처리기 역시 자체 개발한 것이다. 사실 헤드셋의 경우, 마이크에 침이 튈 수 있어서 위생적이지 못한 경우가 많다. 따라서 해당 제품은 이런 취지에 따라 헤드셋을 신속 편리하게 살균 소독 처리하는 것을 기본으로 한다.

이 경우, 항상 청결한 상태를 유지되게 할 수 있기 때문에 각종 유

191

해균으로부터 사용자 인체를 안전하게 보호해준다. 특히, 개별적으로 사용할 수 있다는 점에서도 특장점이 있다.

| 헤드셋 개별 살균 소독처리기 |

03 '본체 하나에 모니터 한 대'라는 편견을 버리다

스타덤 PC방이 자체 개발한 헤드업(Head-Up) 시스템

화면 하나에 키보드와 본체가 각각 하나씩 연결되는 것이 우리가 일반적으로 생각하는 PC의 모습이다. 그러나 인간의 뇌 구조는 동시에 하나만 할 만큼 단순하지 않다. 의외로 여러 가지를 동시에 한다. 특히 바쁘게 돌아가는 시대에 살다 보니, 동시다발적으로 무엇인가를 많이 하려고 한다.

이런 현상이 급증하게 된 것은 모바일의 영향이 크다. 우리는 모바일을 손에 쥐게 되면서 동시에 여러 가지, 적어도 두 가지 이상은 해야 마음이 편할 정도에 이르게 되었다. 밥을 먹으면서 모바일을 통해 인터넷 신문 기사를 보기도 하고, 러닝머신을 하면서 어제 못 본 프로그램을 모바일을 통해 보기도 한다.

이런 것을 멀티태스킹이라고 하는데, 이 멀티태스킹은 게임 영역에서도 그대로 적용되고 있다. 즉, 요즈음에는 PC게임을 하면서 모바일 게임을 동시에 켜놓는 이들이 많다. 자동으로 전투하게 해놓고서는 자신은 나름대로 데스크톱을 활용해 게임을 즐긴다. 꼭 두 가지 게임을 동시에 즐기는 경우가 아니라도 두 가지를 같이 하는 사례는 늘고 있다. PC방에서 역시 모바일로 기사를 보면서 게임을 하거나 검색을 하면서 여유롭게 게임을 즐기는 모습 등이 나타나고 있는 것이다.

멀티태스킹에 익숙해진 사람들을 위해 스타덤 PC방이 자체적으로 개발한 것이 바로 듀얼 헤드업 모니터다. 이런 모니터는 PC방 창업 업계에서는 처음으로 시도된 것이다. 구체적으로 살펴보면, 스타덤 PC방이 자체 개발한 헤드업(Head-Up) 듀얼 시스템은 위아래로 모니터가 설치되어 있어 동시에 두 가지 게임을 할 수 있는가 하면, 인터넷 검색을 할 수 있다. 혹은 TV나 인터넷 방송을 시청할 수 있다.

▲ 헤드업(Head-Up) 듀얼 시스템

▲ 헤드업(Head-Up) 듀얼 시스템
　 서비스표 등록증

모바일의 위협을
역으로 활용하다

모바일 게임의 등장으로 인해 PC방이 직격탄을 맞을 수도 있는 이 시대, 자칫하면 PC방은 무용지물이 될 수도 있었다. 그러나 PC방은 이것을 오히려 게임 활성화의 계기로 인식하여 자체적인 노력을 하였고, 여전히 사람들이 PC방을 찾게 하는 결과를 이끌어냈다.

스타딤 PC방의 헤드업(Head-Up) 듀얼 시스템 역시 모바일 게임의 등장을 역으로 활용하여 발전시킨 사례가 아닐까. 모바일 게임의 등장으로, 혹은 모바일의 다양한 활용도로 인해 두 가지를 동시에 하고 싶어 하는 손님들이 늘어났고, 이런 손님들의 마음을 충족시키기 위해 마련된 것이 바로 이 듀얼 모니터이니 말이다.

이것은 PC방 문화에 새로운 도전을 안겨주는 것이다. 아무리 모바일 게임이 활성화되고 사람들이 모바일에 투자하는 시간이 늘어난다고 해도, 그런 심리와 문화를 이용한다면 PC를 더 적극적으로 애용하는 길을 만들어줄 수 있음을 알게 해주는 것이다. 위의 장비 또한 특허청에 등록되어있다.

손님을 위한 고민으로
손님과 점주 모두를 만족시키다

헤드업 듀얼 모니터는 개발하는 과정에서부터 손님의 만족을 위해, 그리고 손님의 건강을 위해 심도 있게 설계되었다.

그야말로 손님의 입장에서 모든 것을 생각한 것이다. 손님이 편안해야 오랫동안 안전하게 사용할 수 있고, 그것이 결국은 성공적 창업이 될 수 있으니 말이다. 실제로 해당 모니터는 인체공학적으로 설계됐다고 평가받고 있으며, 사용하는 손님들에게도 큰 인기를 끌고 있다.

특히 이런 유형의 모니터가 손님들을 만족시키게 되면, 그 만족감은 그대로 가맹점주에게로 이어진다. 헤드업 모니터를 통해 매출의 변화를 실감하는 것은 물론 재방문 손님의 증가까지 경험하기 때문이다.

남들이 흉내 못 낼 노하우를 겸비하다

오늘날 자신만의 기술을 갖는 것은 그 자체로 경쟁력을 가졌음을 의미한다. 문제는 이런 경쟁력이 워낙 중요하게 여겨지다 보니, 모방과 짝퉁이 늘고 있다는 것이다. 그야말로 조금이라도 좋은 게 있으면 은근슬쩍 따라 하는 것이 흔해졌다. 심지어 기존의 것에 작은 것 하나를 덧붙여, 자체적으로 개발한 것인 양 우기기도 한다.

이런 상황에서 PC방만이 아닌, 사업을 이끌어나가는 창업주가 고려할 것이 있다. 모든 제품이 마찬가지이듯, 짝퉁은 원조를 이길 수 없다는 사실이다. 모방하려는 사람은 원개발자의 기본 취지를 알지 못한다. 왜 필요한 지조차 제대로 이해하지 못한 채 형상만 보고 따라 하는 것이다. 그만큼 어설픈 흉내만 할 뿐, 제대로 기능을 구현해 내지 못한다.

그런데 현재 스타덤 PC방이 자체적으로 개발한 듀얼 모니터는 다른 PC방에서 따라 하려는 시도가 있었음에도 그대로 흉내를 낼 수 없는 상황이다. 모니터를 보는 각도를 비롯하여 섬세한 노하우 등은 결코 따라 할 수 없기 때문이다.

만약 절묘하고 교묘하게 따라 한다고 해도, 손님들을 절대 속일 수는 없다. 모니터 각도로 인한 편안함을 비롯하여 철저히 고객 맞춤형으로 고안된 듀얼 모니터의 특성은 경험해본 손님들부터가 미세한 차이를 분명하게 인식하고 있기 때문이다. 그러기에 어설프게 흉내낸 듀얼 모니터가 존재한다고 해도 금세 실망을 하게 될 뿐이다.

실제로 현재 PC방 중, 드물게 듀얼 모니터 좌석이 준비된 곳이 있다. 그러나 이 경우 책상이 좁기 때문에 공간 활용성이 상당히 떨어진다. 여기에다가 발열 등의 문제도 뒤따르기 마련이다. 하지만 스타덤 PC방의 상하 듀얼 모니터 방식은 이런 문제를 말끔히 해결했을 뿐만 아니라 각도 조절을 통해 손님들이 더욱 편리하게 이용해 효율성 면에서 훨씬 앞선다고 볼 수 있다.

결국, 손님 입장에서 듀얼 헤드업 모니터는 자체적으로 개발한 스타덤 PC방에서 가장 편안함을 느낄 수 있는 상황이 되었고 손님들도 듀얼 모니터가 필요하면 어쩔 수 없이 스타덤을 찾을 수밖에 없게 되었다. 모니터의 개발이 절대적인 경쟁력을 이끌어낸 것이다.

이처럼 경쟁을 하려면, 도저히 따라 할 수 없을 정도로 경쟁력을 키워야 한다. 그리고 그 경쟁력을 키우기 위해서는 철저하게 손님 중심의 마인드로 다가서야 한다. 단순히 수익을 늘려보고 성공해보자는 심리로 접근하면 오래가지 못한다. 평가는 오로지 손님들의 몫이기 때문이다. 손님들은 절대 속일 수가 없다.

04 스마트폰을 못 놓는 유저들을 고려하다

스마트폰을 대체할 대안을 제시하다

듀얼 모니터의 등장은 PC방 관계자와 손님들에게 화제가 될 수밖에 없었다. 그런데 여기에다가 추가로 마련해둔 것이 있다. 바로 일반 좌석에는 터치 방식의 아이터치 모니터를 비치해둔 것이다.

아이터치 모니터를 구비해둘 경우, 데스크에 있는 PC와 아이터치 모니터를 양쪽으로 활용할 수 있다. 특히 해당 모니터는 안드로이드용 모바일 게임에 최적화되어있기 때문에 두 화면을 동시에 이용하여 게임을 즐길 수 있다. 이뿐만 아니라 스마트폰에서 우리가 활용하는 것들을 그대로 활용할 수가 있다. 동영상을 보거나 연락을 주고받는 것도 다 가능하다.

▲ 아이터치 모니터

상표·서비스표등록증
CERTIFICATE OF TRADE / SERVICE MARK REGISTRATION

등 록
Registration Number
제 45-0069978 호

출원번호
Application Number
제 45-2015-0011682 호

출원일
Filing Date
2015년 12월 23일

등록일
Registration Date
2016년 12월 06일

상표·서비스표권자 Owner of the Trade/Service Mark Right
주식회사 포체이션루(110111-*******)
서울특별시 마포구 토정로 44, 6층(합정동, 서림빌딩)

상표(서비스표)를 사용할 상품(서비스업) 및 구분
List of Goods and Services
제 09 류 등 3 개류
스마트폰용 맞춤대응 35건

아이터치

위의 표장은 「상표법」에 따라 상표·서비스표등록원부에 등록되었음을
증명합니다.
This is to certify that, in accordance with the Trademark Act, a trade/service mark
has been registered at the Korean Intellectual Property Office.

2016년 12월 06일

특허청장
COMMISSIONER,
KOREAN INTELLECTUAL PROPERTY OFFICE

최 동 규

◀ 아이터치 모니터
　　상표·서비스 등록증

▼ 아이터치 모니터

PC방에서 모바일 게임을 막지 말고, 더 하게 하라

아이터치 모니터를 마련하게 된 것은 손님 중 모바일 게임을 함께 즐기는 경우가 꽤 많음을 확인했기 때문이다. 그런데 모바일 게임만 하면 모를까, 커다란 모니터를 두고 게임을 하면서 스마트폰을 만지기가 쉽지는 않다. 그만큼, 게임 마니아들에게 모바일 게임에서 잠시 손을 떼게 하는 것이 아쉬움을 자아낼 수밖에 없는 일이었다.

바로 스타덤은 그런 손님들의 모습에 집중하였고, 아이터치 모니터를 통해 모바일 게임을 즐기는 손님들이 PC 게임과 모바일 게임을 동시에 할 수 있도록 배려해주었다. 모바일 게임을 하는 손님을 외면하거나 눈치를 주기보다는 오히려 더 편하고 자유롭게 모바일 게임도 즐길 수 있게끔 해준 것이다.

결국, 모바일 게임을 즐기는 사람들까지도 PC방을 더 찾게끔 만들었다. 이왕이면 태블릿 크기의 화면으로 게임을 즐긴다면 스마트폰을 활용할 때보다 더 박진감도 있고 편리하기도 할 테니 말이다. 또한, 어떤 관계자는 이것이 스마트폰 배터리 부족과 도난 위험을 예방해준다고 보기도 했다.

한편 아이터치 모니터는 다른 브랜드에서는 찾아볼 수 없는 아이템임과 동시에 손님들에게 자리 정하기에 있어 흥미를 불러일으키는 요소이기도 하다. 스타덤 PC방의 경우 앞 챕터에서 제시한 듀얼 모니터와 아이터치 모니터가 따로 마련되어있어서 각자의 필요에 따라 자리를 정할 수 있다. 그야말로 자리 선택에서부터 골라 먹는 재미가 있는 것이다.

가령, 동영상을 보면서 게임을 하는 사람에게는 듀얼 모니터가 구비된 좌석이 적합하고, 모바일 게임이나 연락을 계속 주고받아야 할 사람에게는 아이터치 모니터가 구비된 좌석이 적합할 것이다. 그리고 오직 한 가지에만 집중하여 몰입도를 높이고 싶은 사람에게는 커브드 모니터 좌석이 적합할 것이다. 결국, 다양한 모니터의 개발은 손님들에게 편리함은 물론 흥밋거리로서도 작용할 수가 있는 것이다.

05 인테리어가 한 종류여야 한다는 편견을 버리다

스타덤 PC방의 경우에는 현재 여섯 가지 인테리어 콘셉트를 가지고 있고, 점주들이 자유롭게 선택할 수 있게 하고 있다. 사실 인테리어는 일차적으로 손님들에게 심미성을 제공하기 위한 요소이기도 하지만, 또 한편으로는 점주들의 취향과 직결되는 부분이기도 하다. 보통 개인적으로 PC방 등의 점포를 운영할 경우에는 자신만의 취향을 가득 반영하여 자유롭게 인테리어를 할 수 있지만, 프랜차이즈로 가맹할 경우에는 일률적인 인테리어를 구현해야 해서 자신이 추구하는 취향과 맞지 않아도 따라야 한다는 단점이 있다. 그러다 보니 인테리어에 대한 남다른 생각이 있는 점주들의 경우, 자신이 좋아하는 스타일이 아니면 조금 아쉬움을 드러낼 수도 있다. 그렇다고 인테리어가 맞지 않는다고 하여 가맹을 포기할 수도 없는 노릇이기에, 아쉬움을 안고 점포를 원칙대로 구현하게 된다.

그러나 스타덤 PC방의 경우에는 여섯 가지 콘셉트가 주어져 그 안에서 점주들이 자신의 색깔에 맞는 것을 골라, 기존의 프랜차이즈가 가지고 있는 한계를 극복할 수 있다. 특히 점주들 입장에서는 자신들의 취향만이 아니라 그 지역 손님들의 취향까지 고려할 수 있다. 앞서도 언급했듯, 상권에 따라 각기 다른 고객층이 형성될 수 있는데 그에 맞게 인테리어를 구현하여 손님들에게도 만족을 줄 수 있다.

더불어 콘셉트가 다양할 경우, 손님들 입장에서도 일종의 재미를 느끼게 할 수 있다. 자신이 사는 지역의 스타덤 PC방만이 아닌 다른 지역의 스타덤 PC방도 애용할 수가 있다. 인테리어가 서로 다르면 그 자체가 흥미를 불러일으키는 요소가 될 수 있기 때문이다.

  현재 스타덤 PC방의 인테리어 콘셉트 여섯 가지는 다음과 같다. 참고로 각 인테리어 콘셉트마다 명칭이 있는데, 각 명칭은 행성 이름을 따 온 것이다. 스타덤의 스타와 연관되는 명칭이라고 할 수 있다.

  첫 번째는 주피터 콘셉트이다. 주피터는 따뜻한 우드 감성을 바탕으로 한다. 최대한 편안하고 안락한 분위기를 전달할 수 있는 방향으로 인테리어가 구현되며, 전반적으로 편안함 속에서 오랜 시간을 보낼 수 있는 것을 인테리어의 목표로 삼는다.

  두 번째는 새턴 콘셉트이다. 새턴은 모던한 감성을 바탕으로 한다. 곧 세련미를 가장 강조하는 인테리어라고 할 수 있다. 화려함은 덜하지만 고급스러우면서 심플한 느낌이기 때문에 전반적으로 깔끔하다는 느낌이 들고, 젊은 층들이 선호하는 분위기를 만들어낼 수 있다.

  세 번째는 머큐리 콘셉트이다. 머큐리는 블랙앤화이트 감성을 바탕으로 하는데, 흑백이 가져다주는 고유의 시크함을 드러낼 수 있다. 새턴 콘셉트처럼 도시적이고 모던하기도 하지만, 조금 더 차분하고 정돈된 분위기를 표현한다고 볼 수 있다. 사람으로 예를 들자면, '차도남'의 느낌을 구현한다고 할 수 있다.

  네 번째는 비너스 콘셉트이다. 비너스는 따뜻한 브릭 감성을 바탕으로 하는데 새턴, 머큐리와는 완전히 다르게 고풍적인 느낌을 드러낸다. 벽난로의 느낌, 유럽풍의 느낌이 기본적인 특성으로 구현되며 전반적으로 따뜻하면서도 고급스러움을 드러낸다.

  다섯 번째는 마르스 콘셉트이다. 마르스는 현대적 세련미가 느껴지는 감성을 기반으로 하며, 역동적이고 활동적인 에너지를 표현하는 데에 주력한다. 안정되고 차분한 느낌보다는 조금 활기찬 분위기를 만들어 PC방 특유의 에너지를 뿜어낼 수 있도록 인테리어가 구현되는 것이다.

여섯 번째는 우라노스 콘셉트다. 우라노스는 청량감이 느껴지는 블루 컬러로 포인트를 줌으로써 시원하면서도 맑은 매장의 분위기를 자아낸다. 특히 다른 다섯 가지 콘셉트가 가지고 있는 컬러와 대비되고 있어 차별화를 드러내고 있다.

| 주피터 |

| 새턴 |

| 머큐리 |

| 마르스 |

| 비너스 |

| 우라노스 |

06 안정성 있는 본사가 각 가맹점을 지탱하고 있다

스타덤 PC방 본사의 경영진은 누가 들어봐도 알 수 있는 봉구비어 (수도권 본부:2017년 10월 본사와 지사 계약 종료), 순남시래기, 지금보고싶다 브랜드를 그 분야의 1등 브랜드로 자리매김 시킨 바 있다. 사실 PC방과 전혀 상관없는 브랜드이다. 하지만 그 분야에서도 1 등을 했다는 것은 PC방 창업에 있어서도 미래가 밝음을 알게 해준다. 곧 창업자들이 신뢰할 수밖에 없는 최고의 성적표를 가지고 있는 셈이다.

또한, 스타덤 PC방의 경우 우리은행과 프랜차이즈론 업무 협약에 이어 신한은행과도 프랜차이즈론 업무 협약을 체결한 상태다. 이른바 '스타덤 PC방 가맹점주 금융 지원을 위한 업무 협약'이다. 구체적으로 스타덤 PC방 프랜차이즈 본사를 운영하는 ㈜포메이션투와 신한은행이 스타덤 PC방 가맹점주의 원활한 금융 지원을 위하여 '신한 프랜차이즈론' 대상 업체로 선정되었고, 상호 협력과 발전을 목적으로 한다는 내용이다(이런 업무 협약을 통해 개인 신용도에 따라 최대 1억의 가맹점 창업 비용을 지원할 수 있게 되었으며, 이자는 최대 1년간 본사에서 지원하는 혜택도 주어지기도 한다).

스타덤 PC방 창업 비용 부분에서 더 큰 혜택을 지원하게 된 것은 이처럼 스타덤 PC방이 해당 은행 대출 지원 업무 협약에 따라 최대 1억 원의 저금리 대출 지원을 하고 있었기 때문이다. 이러한 이력이 있다는 것은 적어도 내가 믿고 맡겨도 되는 프랜차이즈 본사임을 알게 해준다.

사실 프랜차이즈론 업무 협약을 체결한 프랜차이즈 본사가 거의 없는 만큼, 이런 부분은 핵심적인 강점이 될 수 있다.

| 우리은행과 프랜차이즈론 업무 협약 |

| 신한은행과 프랜차이즈론 업무 협약 |

07 마케팅 전략의 차원이 다르다

스타덤 PC방의 경우 이슈가 되는 게임이나 사양, 이벤트 등을 통한 맞춤형 전도 홍보물을 제작 지원하고 있다. 개업 후 정신없을 점주들을 대신하여 전단지를 제작한 후 배포할 수 있게 해 주는 것이다. 전단지에는 PC 사양이나 이벤트 안내뿐만이 아니라 약도나 쿠폰 등을 통한 신규 고객 유입을 위한 최상의 서비스도 함께 제공하고 있다. 더불어 물통 배너, 에어 간판 등 각종 POP 게시물 제작 지원 서비스까지 제공하고 있다.

한편 점포에서 실제 진행하는 각종 게임 대회 이벤트의 경우에는 점포 인지도를 높여주는 것은 물론 카카오톡이나 페이스북을 활용한 이벤트 선물 증정으로 손님들의 기억에 오래 남게 해준다. 여기에 본사가 부담하는 상품 이벤트도 역시 점포 매출에 기여하는 마케팅으로 고려되고 있다.

오프라인 마케팅뿐만 아니라 온라인 및 미디어를 통한 마케팅도 적극적으로 이루어지고 있는데 PC방 관련 블로그나 카페에 점포를 소개하고 홍보해주는 것은 물론, 다양한 언론 매체를 포함한 다양한 매체에서 홍보될 수 있도록 지원하고 있다.

이러한 일반적인 오프라인, 온라인 마케팅 외에도 더욱 차별화된 방식의 마케팅이 이루어지고 있는데, 대표적인 것인 게임 대회다. 다른 PC방에서도 동일하게 시행하는 부분이긴 하지만 차별점이 있다면, 일회성이 아니라는 것이다.

스타덤 PC방의 경우, 가장 큰 게임 회사인 넥슨에서 게임 대회를 주관하던 전문가를 섭외하여 차별화된 게임 대회를 지속시켜나가고 있다. 전문가 섭외를 통해 일회성, 단기성 게임 대회가 아닌 지속적인 대회를 열어 게이머들로부터 환영을 받고 있다. 이것은 다른 PC방에서는 찾아보기 힘든 공격적인 마케팅이 아닐 수 없다.

| 스타덤 PC방 게임 대회 전단 포스터 |

08 사후 관리 제도가 철저하다

스타덤 PC방의 경우, 프랜차이즈 창업 이전에는 운영지원부를 중심으로 사전 관리를 하는데, 이때는 마인드 교육이 주를 이룬다.

그리고 이후에는 더욱 철저한 사후 관리에 들어가는데, 기본적으로는 슈퍼바이저들이 정기적으로 점포를 방문하여 체크리스트를 통해 관리하게 된다. 아마도 여기까지는 대부분의 프랜차이즈가 실시하는 내용일 수 있다.

그런데 스타덤 PC방의 경우, 만약 초창기에 세팅되어있는 교육에 부응하지 못한다고 판단되면 바로 재교육에 들어간다. 여기에는 어떤 예외도 없다. 물론 그 상황에서 가맹점과 마찰이 생길지 모르나 최대한 대화를 통해 점주들과 함께 좋은 결과를 맞이할 수 있도록 노력한다.

또한, 손님인 척 가장을 하여 순회를 하기도 한다. 누군가는 야박하다고 할지 모르나 서로 보이기식의 관리가 아니라 실질적이고 정직한 관리를 하자는 차원에서 이런 방법도 도입하고 있다.

그뿐만 아니라 전담 슈퍼바이저 배치 시스템 및 365 해피콜 BS(Before Satisfaction) 부서와 가맹점 전용 카톡방 개설 등으로 각 가맹점의 요청 사항을 빠르게 처리하고 있다. 특히 관리 시스템의 최적화로 가맹점 인력을 최소화해 인건비 부담도 낮추는 효과를 얻고 있다.

09 점포 개발의 우수성

　　　　　포화 상태인 PC방 상권에서 괜찮은 점포를 찾기
는 절대 쉽지가 않다. 이런 현실에서 스타덤 PC방은 괜찮은 자리,
만족할만한 자리가 아니면 절대 진행하지 않겠다는 각오로 상권을
분석해준다.

　구체적으로 특A급 상권 분석 시스템을 가동함으로써 각종 통계 시
스템 및 철저한 현장 조사를 통해 최적 점포를 선택하게끔 해주고
있다. 그러므로 어설프게 상권을 분석하고 점포를 선정하여 빠른 계
약을 요하는 일부 본사와는 분명한 차별점을 드러낸다.

　해당 시스템은 상권 분석(업종 분석, 매출 분석, 인구 분석, 지역
분석), 경쟁 분석(추세 분석, 업종 분석, 지역 분석, 경쟁 분석), 입지
분석(상권의 활성도와 입지 평가), 수익 분석(점포의 수익성 평가)을
포함하고 있으며, 철저한 베이스 조사 후 현장 답사를 통해 검증해나
간다. 현장 검증 시에는 인구 특성, 소비 동선, 경쟁 분석, 수익 분석
등이 더욱 중요하게 고려되며, 예비 점주와 자세한 상담을 통해 맞춤
형 상권 분석 및 점포 개발을 하게 된다. 또한, 스타덤 PC방의 경우
에는 검증 데이터를 바탕으로 고객 유입 및 관리를 위한 운영 및 마
케팅 방안까지 기획해주고 있다.

10 먹거리의 우수성으로 승부하다

　　　　현재 스타덤 PC방의 경우에는 '방방쿡쿡'이라는 식음료 전문 브랜드로 고객들에게 선보이고 있다. 일단 고객들의 만족을 위해 전국 점포에서의 판매량을 조사하여 어떤 품목이 인기를 많은지를 수시로 조사한다. 그리고는 그런 품목을 엄선하여 최대한 인기 품목들이 메뉴에 제시될 수 있게끔 한다.

　특히 '방방쿡쿡'이라는 명칭을 통해 또 다른 음식 브랜드로서 인식을 갖게 하고 있는데, 이런 식으로 이름을 정하는 것은 PC방 브랜드에 대한 이미지를 더 강화할 수 있다. 고객의 입장에서는 새로운 이름을 붙임으로써 그 안에서 재미를 느낄 수 있다. 그리고 자연스럽게 여기서만 즐길 수 있는 색다른 음식을 즐겼다는 느낌도 들게 할 수 있다.

　한편 '방방쿡쿡'의 경우에는 1인 간편 조리 시스템을 통해 인건비 부담을 최소화하기도 하며, 소포장 먹거리 제품으로 재고 관리도 효율적으로 이루어질 수 있게 하면서 고객만이 아닌 운영자들에게도 짐을 덜어주는 방식으로 개발, 관리되고 있다.

| 방방쿡쿡 메뉴 예시 |

　마지막으로 다양한 업종의 창업을 하고자 하는 모든 분에게 창업 8원칙을 소개하고 싶다.

　적어도 이 원칙을 지키는 경영진이라면 믿어도 되지 않을까.

| 창업 8원칙 |

첫째, 회사 대표를 만나 브랜드에 대한 믿음과 열정이 있는지, 프랜차이즈 사업에 대한 신념을 갖추었는지 확인해야 한다.

최근 대표의 좋지 않은 행실로 브랜드 이미지가 추락한 프랜차이즈 사례들을 통해 더욱 중요해진 개념이다.

둘째, 동종 업종 대비 차별화된 아이템인지 확인해야 한다.

치열한 경쟁 상권에서 차별화는 선택이 아니라 필수이기에 이 부분은 프랜차이즈 본사의 중요한 기능이다.

셋째, 유행 아이템이 아닌 지속 가능한 아이템인지 확인한다.

독창성 없이 우후죽순으로 생겨나는 유행성 사업에 휩쓸려 창업을 하면 폐업률이 78% 달한다는 통계도 있다. 시설 사업으로서는 PC방이 20년이 넘은 가장 안정적인 창업 아이템이라고 볼 수 있다.

넷째, 수익성에 대해서 정확히 확인해야 한다.

수익성을 따져 볼 때는 전체 매출이 아닌, 실제 순이익을 반드시 확인해야 한다. 일부 프랜차이즈의 경우 광고비를 포함한 마케팅비, 높은 원가율 등으로 가맹점주에게 돌아가는 이익은 미미한 경우가 있기 때문이다.

다섯째, 철저한 검증을 거친 아이템인지 확인해야 한다.

최소 2년에서 3년간 본사가 적절한 수익, 생존력 등 자체적인 시장 검증을 거쳤는지를 반드시 확인해야 안정적인 창업에 이를 수 있다.

여섯째, 누구나 알 수 있는 1등 브랜드를 만들어본 경험이 있는 브랜드인지 확인한다.

창업에서는 연습도 없고, 2등은 생존할 수 없다. 즉 1등 브랜드만 시장을 선도하고 살아남는다. 1등 브랜드를 만들어본 본사는 수많은 시행착오와 노력 끝의 엄청난 노하우를 갖고 있기 때문이다.

일곱째, 점포가 최대의 이익을 얻을 수 있도록 합리적인 투자 방안을 제시할 능력이 있는 프랜차이즈 본사인지 확인한다.

일부 회사의 경우, 계약 성사를 위해 제대로 상권 분석, 경쟁 업체 분석이 이루어지지 않은 채 창업자의 자금에 맞추어 가맹 계약만 서두르는 경우가 있으니 주의해야 한다. 곧 계약이 성사되지 못할까 봐 돈에 맞춰 A급 사양이 아닌 B급 사양을 제안하거나 상권에 맞는 투자 수준을 제안하지 않는 경우를 피해야 하는 것이다. 이 경우, 경쟁에서 도태되는 것은 시간문제다.

여덟째, 과대·과장광고를 하고 있는지 확인해야 한다.

국내의 프랜차이즈 기업 중 규모와 연혁이 놀라울 만한 곳은 흔치 않다. 원금 보장, 매출 보장 등 과장광고에 현혹되지 말고, 아이템의 핵심 가치와 경쟁력을 갖춘 프랜차이즈 브랜드를 선별하기 위한 까다로운 검증 과정을 반드시 거쳐야 한다.

◀ 2018 조선일보 소비자 선정 브랜드 대상

▲ 2018 중앙일보 소비자 선택 브랜드 대상

▲ 2019 한국경제신문사 명품 브랜드 대상

제 180105-03071 호

경영혁신형 중소기업(Main-Biz) 확인서

업 체 명 : (주)포메이션투
대 표 자 명 : ▮▮▮
주　　　소 : 서울 송파구 석촌호수로 160
　　　　　　수연빌딩 8층 (삼전동)
유효기간 : 2018.12.20 ~ 2021.12.19

위 업체는 경영혁신형 중소기업 육성사업에 의해
선정된 경영혁신형 중소기업(Main-Biz)임을 확인
합니다.

2018 년 12 월 21 일

중 소 벤 처 기 업 부 장

◀ 경영혁신형 중소기업 확인서

---

dun&bradstreet　　　　　　　NDB-2018-01-017164

우수기술기업 인증서
Certificate of Technical Achievement

주식회사 포메이션투

사업자번호 : ▮▮ ▮▮▮▮
대 표 자 명 : ▮▮▮▮
기 술 분 류 : (300803)System Integration
핵심기술명 : PC방 프렌차이즈 및 컨설팅
주　　　소 : 서울특별시 송파구 석촌호수로 160, 8층
　　　　　　(삼전동, 수연빌딩)

위 기업은 나이스디앤비의 기술평가 결과
기술경쟁력 및 기술사업역량이
우수한 기업임을 인증합니다.

인증일자 : 2018.08.09
유효기간 : 2018.08.09~2019.08.08

(주)나이스디앤비 대표이사

◀ 우수 기술기업 인증서

PC방 창업, 신의 한수

펴 낸 날 2019년 7월 1일

지 은 이 박광영
펴 낸 이 이기성
편집팀장 이윤숙
기획편집 정은지, 이민선, 최유윤
표지디자인 정은지
책임마케팅 임용섭, 강보현
펴 낸 곳 도서출판 생각나눔
출판등록 제 2018-000288호
주 소 서울 잔다리로7안길 22, 태성빌딩 3층
전 화 02-325-5100
팩 스 02-325-5101
홈페이지 www.생각나눔.kr
이 메 일 bookmain@think-book.com

• 책값은 표지 뒷면에 표기되어 있습니다.
  ISBN 979-11-90089-36-4 (03320)

• 이 도서의 국립중앙도서관 출판 시 도서목록(CIP)은 서지정보유통지원시스템 홈페이지
  (http://seoji.nl.go.kr)와 국가자료공동목록시스템(http://www.nl.go.kr/kolisnet)에서
  이용하실 수 있습니다(CIP제어번호: CIP2019023899).